平凡社新書
980

建築の明日へ

生活者の希望を耕す

松村秀一
MATSUMURA SHŪICHI

HEIBONSHA

建築の明日へ●目次

編集協力＝今井章博

はじめに

ローマ大学での講義

三〇年も前、一か月ほどローマ大学で講義をしたことがある。その少し前に初めて来日したピエールルイジ・ロメオ教授（故人）が、京都や奈良で伝統的な建築を堪能できる一方で、東京のような都市では国際的に見ても先端を行くような現代建築が林立している日本の両面性に大感動され、ぜひともローマ大学の学生に日本建築の意匠とそれを支える洗練された技術を学ばせたいと思うに至り、巡り巡って、当時東京大学工学部建築学科のヒヨッコ助教授だった私にお鉢が回ってきたのであった。

当時ローマ大学のロメオ教授のお仲間で訪日経験のある先生は皆無のようだった。しかし、断片的にはいろいろな情報が入っていたようで、先生方、特に周りから「大教授」とか「お父さん」とか呼ばれるクラスの大先生たちが興味津々で、私の最初の講義に集まった。ローマの中心部、ミケランジェロ作の巨大なモーゼ像があることで有名なサンピエトロ・イン・ビンコリ教会の隣にあるローマ大学「ラ・サピエンツァ」の建物の中にある教室。その最前列に助手や弟子を引き連れた数名の大教授が座って、期待の表情で手をすっている。しかも、この世代のイタリアの先生たちは一切英語を習ったことがないので、私の横には、私の拙《つたな》い英語の講義をイタリア語に通訳する先生も控えている。ヒヨッコにしては予想もしない大舞台になってしまった。

私の講義は一〇回シリーズで、日本の主に現代建築の技術について語るという約束だった。このいきなりの大舞台はその初回だったので、まず、残りの講義で詳しく紹介する現代建築のことを理解する上でも大切な日本の建築文化の固有性について話そうと考え、木造建築の伝統、大工技術の歴史あたりから入ろうと、法隆寺のスライドを見せながら話を始めた。ところがである。二分も経たないところで大教授たちがざわつき始めた。すると大教授陣に呼ばれて指示を受けた通訳の方が戻ってきて私に聞く。

「いまスライドに写っている建築は何年前に建ったって?」

「千数百年前です」

「その程度の古さの建築はローマにはいくらでもある。それよりも、君には日本の新しい建築の話をしてもらうために来てもらったんだ。古い日本建築の話はもうやめにして、早速新しい建築の話に移ってもらえないか。先生方は皆それを楽しみにしているんだから」

ということで、急遽《きゅうきょ》私は日本建築の歴史的な固有性を説明するパートを割愛し、見栄えのする日本の現代建築について説明を始めた。例えば当時であれば、部品を大型化し順序よく積層させてツインタワーの超高層を建設した東京都庁舎の設計と施工の概要、住宅をいわば大きな箱をつなぎ合わせて構成する「ユニット工法」の自動車工場さながらの製造工程の様子、住宅でいえば五階分で一層と見立てた鋼構造によるスーパーストラクチャーの中に、鉄筋コンクリートのパネルで四階分の住宅を組み立て、一階分の高さを空中広場にするという大胆な芦屋浜の超高層集合住宅群の計画概要と施工の様子等を、スライド付きで説明してみた。これは見事に大当たり。大教授たちはニコニコ顔で「ボノ！」「ベネ！」を連発していた。

これは、決して私の話がうまかったからではない。当時、ローマにはほとんど新しい建築はなかったのである。まちなかでは、古い建築の修復工事の類はいくらでもあるが、新築の工事現場といえば相当に限られたものであった。それに対して、バブル期の日本の郊外開発やまちなかでのスクラップ・アンド・ビルドの勢いは世界史上類を見ない内容と規模だった。ローマ大学の大教授たちが来られたら、あっちを向いてもこっちを向いてもカメラのシャッターを切り続けたことだろう。それほどにローマと、例えば東京は対照的であり、新しい建築と技術に満ちた日本の様子を知るのが面白くてたまらなかったのだろう。つまり、私の初回講義が大いに受けたのは、当時の日本の市場と建設業の勢いのおかげだったのである。

時代は移ろう

ところで、三〇年後の今はどうだろうか。そもそも国際的な往来は当時とは雲泥の差だし、訪日経験のあるイタリアの先生が皆無ということもないだろう。ひょっとすると、今私がローマ大学で同じような講義をしたら、

「そういう新しい建築や新しいIT技術利用の話は、この間さんざん中国の先生やシンガポールの先生から聞いたので、もういい。せっかく日本から来たあなたには、日本固有の伝統的な建築の話を聞かせてもらいたいな」

と言われ、それではと法隆寺のスライドを見せると「ボノ!」「ベネ!」と声を掛けられそうな気もする。

日本の中にいると、この三〇年間休むことなく建物を旺盛に新築してきたので、建設業や建築界の方々の中には、漠然と、今が三〇年前とあまり変わっていないと感じている人も少なくないだろう。私もその一人だったが、こんな風にローマ大学での講義を想像してみただけで、時代は変わったのだと再認識させられる。

この三〇年の間、日本の建築ストックは増加の一途を辿《たど》り、今大きく余り始めている。他方で、人口減少は変えようのない現実だ。十分な量の空間資源をより少ない人数で楽しく使えるようになると考えれば、三〇年前よりもずっと豊かな生活環境を享受できて幸いということにもなりそうだが、建設業や建築界に対しては「これまで一所懸命汗をかいてくださった建設業や建築界の方々には心より感謝申し上げます。ご苦労様でした。どうぞゆっくりお休みください」という声がかけられることになりそうでもある。

ではどうするか。今でも建設業界では数百万人が就業しているし、例えば建築学科（名前はそうでなくても）は一〇〇程度の大学にある。この間、学科ではなく「建築学部」を新たに立ち上げた大学も少なくない。ここで学ぶ若者は一体どうするのか。三〇年前までのようにはいかない。それは確かだ。少し先を見ると、現在のようにもいかないということになるだろう。

ローマ大学に教えに行っていた時のこと、講義のない時間帯は全く自由だったので、世界的建築文化遺産の宝庫であるローマ中を散策するのが楽しかった。しかし、二週間もするとやや食傷気味になり、ロメオ先生に、

「先生、ローマで毎日古い建築を訪ねているのですが、たまには新しい建築も見てみたいなと思いまして……」

と相談すると、

「よしわかった。私の車に乗りなさい」

ということで、市内をドライブした。中心部から少しだけ離れたある建物の前で先生は車を止めた。

「松村、ほら新しい建築だ」

「これがですか。先生、「新しい」って、一体何年に建ったものですか」

「一九六〇年代だね」

当時でもすでに建ってから三〇年は経っていた。冗談のような本当の話である。そこで、前から一度聞いてみたいと思っていた次のような問いを投げかけてみた。

「ローマ大学で講義をしていると、結構多くの学生が建築を学んでいることがわかります

が、こんなに新しい建築の市場が小さい中、彼らは卒業したらどうするのですか」

ロメオ先生の答えは全く私が予想していないものだった。

「ならば聞きますが、大学の文学部に行った者が皆小説家になりますか。ならないでしょう。それと同じことです。学んだことが卒業後の仕事になるとは限らない。教養といってよいかもしれませんが、学びはそれだけで成立しているんですよ」

この三〇年前の先生の言葉を、今日本が経験しつつある時代に即して私なりに解釈してみると、次のようになる。

「いろいろなことを学びなさい。ただ、建設業はこうだとか、建築界はこうだとか、過去に縛られて自分を枠にはめる必要はないですよ。移ろう時代に合わせて、もっと自由に活動領域を広げていけばよいのです」

古さを超えた希望を

近年の新型コロナウイルス災禍のために巣ごもり生活が続き、しばし二三〇〇年前の思想書『荘子《そうじ》』にはまっていたせいか、私の語り口も古代中国、春秋戦国時代の諸子百家のようになってしまったが、そういえば『荘子』にも建設業の人物は登場する。「無用の用」

を説いた寓話（『荘子』内篇　第四　人間世篇《じんかんせいへん》）に、クヌギの大木に見向きもしなかった匠《しょう》伯《はく》に、弟子が何故あれだけの木に見向きもしないのかを問い、匠伯が何を造ってもうまくいかない木だという説明をしたところ、その夜クヌギが匠伯の夢に出てきて「無用の用」について語るというものがある。この寓話自体が面白いのだが、ここでの主題ではない。ここで触れねばならないのは、森三樹三郎氏の翻訳説明（『荘子Ｉ』森三樹三郎訳、中央公論新社、二〇〇一年）によれば、本文に出てくる「匠」は大工、技術者、「匠伯」は大工の親方だということである。いわば二〇〇〇年以上前の春秋戦国時代から建築界は存在し、建設業の頭《かしら》が存在したのである。日本でいえば弥生時代。中国の歴史の古さに改めて驚かされる。

「建設業はどこの国にもある。しかも、この『荘子』の寓話の例でもわかるようにとても長い歴史がある。時代が変わったからといってじたばたする必要はない。今まで通りやっていればよいのだ。この業界、山あり谷ありはいつものこと」

そういう声が聞こえてきそうだ。ある種の開き直りといってよい構えである。

それはそれで結構。ただし、私はそうは思わない。建築における所期の目的の全般的な達成度合いに関していえば、今日のような状況はこれまでに例がなかっただろう。戦争のない平和な時が続き、想定を遥かに超える破壊的な災害が襲ってこない限り、この達成度合いこそが私たちの現実である。いま、業界自体の目的が大きく変わる地点に私たちは立っている。古い歴史はその目的とともにあった。しかし、おおむね達成された。だから私は考えたいと思う。古さを超えた、建設業と建築界の新しい希望について。そしてそれを、遠くを見る眼差しの先に置くのではなく、今すぐにでも鍬を取って耕せるように足元の地面に置いてみたい。

なお、本書は、この古さを超えた希望、しかも耕せる希望に関して、筆者が過去五年ほどの間に書き溜め、雑誌等に発表した拙文群に加筆修正を施し、「I　新たな活動領域を見出す」、「II　アイデンティティを見つめ直す」、「III　明日の建築人像を描く」、「IV　国境を越えてゆく」、「V　一人の生活者として感じる」という五つのテーマの下に整理したものである。初出については巻末に記した。

では、どうぞ一緒に耕すべき希望について考えてみましょう。

I
新たな活動領域を見出す

希望を耕す方向は、Ⅳ章でも述べるような、国境を越えて活躍の場を広げる方向ばかりではない。本命の一つは、国内において、人々の豊かな暮らしの場を形成することに関わる未来志向の新しい活動領域を見出す方向である。人々の暮らしがあり続ける限り、ここには様々な可能性がある。それはおよそ一人で考え尽くせるようなものではない。本章で述べるのは、その限界の中で筆者が嗅ぎつけた新しい活動領域の予感についてである。

まず建物の建て替えについて考えることから始めたい。従来の建築需要は、今まで何も建っていなかった土地を切り拓いて新たに建てるか、あるいは今まで建っていた建物を取り壊してそこに新たに建てるか、そのいずれかであった。そして、もはや十分に宅地開発が行われ、十分に建物が建ち尽くした今日の日本においては、後者、即ち古い建物を取り壊して新しい建物を建てる需要の方が支配的だ。その時、鍵を握るのが建物の建て替え時期なのだが、これには特段の根拠がない。どうも日本では建物には適切な建て替え時があると思っている方が多いようだが、そうでもないのだ。このことについてニューヨークでの経験を織り交ぜながら冷静に論ずる。

建物に適切な建て替え時などありはしないということになると、新築頼みのままの建築界では明るい展望は開けようがない。そこで、「箱《おはこ》の産業」から「場の産業」へという筆者十八番の産業転換の話の出番になる。本章では「場の産業」の意味をわかりやすく解説する。

まず、「利用の構想力」は、「場の産業」を成立させる最も重要な力である。それは、まだまだ新築志向時代の只中にあると思っていた中国においてすら現れ始めている。この節ではそのことを取り上げる。そして、次の「民主化する建築」では、「利用の構想力」の主な担い手が建築のプロではなく、一般の生活者になるであろうという確信に基づきながら、時代の変化の方向を見極める。

生活者の構想力が鍵を握るとはいっても、建築のプロが生活者の構想力と関わることなく、ただただ注文を待っていればよいということにはならない。そのままでは単なる時代錯誤である。時代錯誤に陥らないために肝要な二つの教えも取り上げておく。

建築業界が「場の産業」に転換する上での鍛錬の場としてまことに相応《ふさわ》しいものに団地再生がある。その団地再生のこれまでと、現在の課題を明らかにする。

「インバウンドのインスタ映え」では、生活者の側からの、しかも国境を越えた動きとして大きな影響力を持つ観光目的のインバウンドが、どうにもならなくなっていた旅館を再生させたという事例を通して、新しい時代の「場」の評価のあり様を見つめ直す。

この旅館の場合は「文化財」と見なされるような建物ではなかったのだが、今では登録文化財の一つの要件である築後五〇年を超えた建物なら日本中あちらこちらにある。軍艦島の話で始まる「文化遺産の保存再生」では、築後五〇年を超えたUR赤羽台団地の四棟の住棟が登録有形文化財になったこと、そしてそこから始まるストック経営という新たな活動について論ずる。

ここまで、ストックを豊かに活用する「場の産業」についての話が中心だったが、本章の最後はテーマを変えて「建築と建築情報学」である。BIMにAIにデジタル・ファブリケーション。こうした情報関連の新たな技術は建築に何をもたらすのか。そうした問いかけは飽きるほどになされているが、その問いかけによって特段の何かが未だもたらされているわけではない。あえてもっと実務的でない思考から始めるべきではないか。ここでは、そうした立場からあえて学問分野としての「建築情報学」の必要性を論ずる。

建物の建て替え時

1998年、マンハッタン（エンパイア・ステート・ビルから北を向いて。写真撮影：脇山善夫氏）

二〇年も前のことである。事前準備もそこそこにマンハッタンへ調査に旅立ったことがある。超高層ビルをどうやって取り壊しているのかを学ぶためであった。

今でこそ超高層ビルを取り壊して建て替えた事例は、日本にもいくつかあるが、二〇年前は皆無で、それでもあと数年したら建て替えを検討する実例が出てきておかしくないと考え始めた時期だった。当時の日本の超高層ビルの歴史は三〇年ほどにすぎなかったが、マンハッタンでは九〇年前にはすでに地上五〇階を超える摩天楼がそびえていたし、十分に古い超高層ビルがいくらでもあると確信していた。

ところがである。私たちの下調べが甘かっ

たといえばそれまでだが、早くから超高層ビルが建てられてきたセントラルパークよりも南のエリア、四〇階建て以上のビルが一〇〇本以上あるといわれたそのエリアでも、四〇階建て以上のビル取り壊しということになると、一九六〇年代にごく例外的に取り壊されたビルが一本あっただけだとわかったのである。*1

なぜもっと取り壊していないのか？　日本人の私には当然すぎる疑問だった。そこで急遽研究目的を変更し、ニューヨークのいろいろな関係者に会い、この疑問をぶつけてみることにした。

一九三〇年代に建設された、つまりは当時で築後約六〇年を経た超高層ビルの運営会社のトップに会う機会があり、次のように尋ねてみた。

「随分と設備や内外装の模様替えに投資をしているようですが、このビルはあと何年もつと思っていらっしゃるのですか？」

すると、その運営責任者は質問の意味がわからなかったようで、何度も、

「何が聞きたいのか？」

と首をひねった。

丁寧に質問の背景を説明してようやく質問の意図は理解してもらえたのだが、答えは、

「あと何年もつかなんて考えたこともない。半永久的だろう」

というものだった。一応技術スタッフにも聞いてみてくれるということで、専門家を呼んでその運営責任者から質問してもらったが、やはり質問の意図がわかりかねるという様子で、

「まあ三〇〇年はもつでしょう」

という素気ない答えだった。それにしても、この日本人はわざわざニューヨークまで来て、なんでそんなことを聞くのかと、二人とも最後まで訝《いぶか》しがっていたのを思い出す。

何人もの関係者に会って話しているうちに、私の日本人的な感覚の方が不思議なもののようだとわかってきた。日本だと一般の方からも、

「補強やら設備の更新やらに相当お金がかかるようですが、一体この建物はあと何年もつんですか？」

という類の質問がごく自然に出てくる。しかし、どうやらこれこそが日本的なようなのだ。

そういえば、法隆寺を解体修理するのに大変お金がかかったとしても、あと何年もつかと問う人はいないだろう。そこまで極端な例でなくても、私の勤めている東京大学であれ

ば、赤門があと何年もつからどうとか、安田講堂があと何年しかもたないからこうとかいう人も少ないだろう。

紙幅に限りがあるので結論を急ぐが、要は建物がモノとしてもつか、もたないかではなく、その所有者や利用者が建物をもたせたいか、もたせたくないかの問題、つまりは人間側の意思決定の問題なのである。

「建物の寿命」という言葉を耳にされることがあるかもしれないが、もしそういう数字が議論されているとすれば、それは建物を何年で取り壊したかという年数の分布だったり、平均だったりするだけで、ある時代の人間の意思決定のあり様を示しているものにすぎない。

十数年前、大学周辺に戦前からの木造家屋が何軒も残っていることに関心を持った学生が、それらが何故長くもっているのかを知りたくて、住んでいる方々にお話を伺って回ったことがあった。彼は、「大事に使ったから」とか「もともとよそよりもしっかり造ったから」とかそういう答えを期待していたようだが、その期待は少なからず裏切られた。ご近所で建て替えが流行った時期に、建て替え資金のことで躊躇していたら、流行に乗り遅れ、いつの間にかここまで建て替えられずに来てしまったというような答えが多かったと聞いた。

人口の減少と超高齢化が進んでいくと、人間側の建て替えの意思決定は今まで以上に難しいものになってくるだろう。もたせたいと思っていなかった建物までがおのずともつ時代になるのだ。もしそうなるのであれば、ある一定の建て替え周期で回る市場を前提にしていたところのある建築関連産業も、自身のもたせ方、自身の自己改革を熟考するべきだと思われる。

場の産業

この十数年、飽きもせず「「箱の産業」から「場の産業」へ」という産業転換の必要性を、そこここに書き、これをタイトルにした講演も繰り返してきた。

世界有数の高い密度の新築市場が、世界史上類を見ない長さで続いてきた高度経済成長期以降の日本という特殊環境の中で、ある意味先鋭的に育ってきたのが、これまでの日本の建築業、「箱の産業」である。この産業の使命は明確である。「きちんとした箱（建物）をきちんとデリバリーする」である。耐震性、耐久性、耐候性、省エネ性、居住性等のきちんとした箱を、きちんと約束の納期に約束の対価でお届けする。このことの確実な実現に産官学あげて取り組んできたという総括に、異論を差し挟む余地はない。

しかし、各地の空き家やシャッター街に端的に表れているように、「箱」が余りすぎる時代を迎えている。そこに人口減少局面が重なる。従来通りの「箱の産業」のままでは大した希望が持てない。そのことは誰の目にも明らかだ。

あり余る「箱」。これは私たちのとても大事な財産である。半世紀以上にわたって、個人から企業、政府までもが営々と投資を繰り返し、それを受けて建設業が懸命に働いてきたことのとてつもない成果なのだから。住宅を例にとれば、日本の一人当たりストック数は〇・四八戸（二〇一三年）。先の大戦で建物を焼失することがほぼなかったアメリカのそれ（〇・四二戸、二〇一三年）を大きく上回っている。いわば国民総出の継続的な投資により、今や日本は世界に冠たる建築ストック大国になったのである。


これからの希望は、このありがたい「箱の産業」の果実の上に描き出せるのだから、私たちはとても幸いな時代にいるのだと思う。もちろん「箱の産業」に執着していたのでは、たやすく希望を描けないわけだが、その執着心を捨てさえすれば耕すべき希望が見えてくる。

都心の空いていた中学校に様々なアート系のスモールビジネスと大小のイベントスペースを埋め込み、隣の公園とつなげることで、町と世界に開かれたアートセンターを作り出した事例。2010年に事業開始。2013年には年間で80万人が訪れる拠点に育った（写真提供：3331 Arts Chiyoda）

そもそも建設業の目的は、人々の豊かな生活環境を作り出すことである。そのための箱が十分に整ったのだとすると、次はそれを豊かな暮らしや仕事の場に仕立て上げることこそが使命になるはずだ。ところが、せっかくの箱が老朽化・陳腐化するに任されていたり、そこら中で捨て置かれている現実がある。

二〇一〇年代に入り、箱を新たにデリバリーするのではなく、町の中で空いている箱を豊かで楽しい暮らしや仕事の場に仕立て上げる活動が、各地で同時多発的に展開し始めた（上の写真は一例）。中心になっている人たちの専門は建築や建設分野に限らないが、彼らが希望を耕し始めたのは間違いない。私は、この希望を建設業の希望と結び付けて、「場の産業」と名付けた。肝心なのは、これはものづくりとは違うということ。当然ものづくりも一部に組み込まれるが、基本は場づくりであり、片仮名で表現すればサステナブルなコンテンツ産業という体になる。詳細は拙著『建築──新しい仕事のかたち　箱の産業から場の産業へ』（彰国社、二〇一三年）に譲るが、希望を見出せる有力な分野であることは確かだと思う。

最後に、『建築──新しい仕事のかたち　箱の産業から場の産業へ』の骨格として提案した「場の産業」の七つの必須条件を記しておく。

生活する場から発想する──利用の構想力の導入
空間資源を発見する
空間資源の短所を補い長所を伸ばす
空間資源を「場」化する
人と場を出会わせる
経済活動の中に埋め込む
生活の場として評価する

上海中心ビルの118階から、10年前に話題になっていた森ビルの上海環境中心を見下ろす大パノラマ

利用の構想力

日本とは時代状況が違って、まだまだ新築市場の勢いが衰え知らずに見える中国。しかし、ここでも「場の産業」への移行を思わせることが起こっている。ここでは、二〇一六年に、一〇年ぶりに訪れた上海の変わりようを見てみよう。

当時の日本では景気減速関係の報道ばかりを目にした中国だが、上海のまちを歩く限り、そうは見えなかった。実際、現地のOBの話によれば、上海や蘇州の不動産価格は二〇一六年に入ってからの数か月かなりの上昇ペースにあるという。浦東地区は、一〇年前ですら想像できなかった数の高層ビルが埋め尽くし、さらに高さ中国一の超高層ビルが建設されていた。オープン直前のその上海中心ビルの一一八階に上らせてもらったが、一〇年前に話題になっていた森ビルの上海環境中心を見下ろす大パノラマを堪能できた。「発展」という動態をヴィジュアライズした、いかにも現代中国らしい風景だ。

　ところが、このビルを下りて旧市街を歩くと、上海の生活空間のあり様が、この種の「発展」とは異なる方向にも転じつつあると感じさせる場があちこちに現れ始めていた。今や観光ガイドにも載るほど有名な事例だが、1933老場坊《ラオチャンファン》と田子坊《ティエンズファン》、この二つの新しい場を今回初めて体験した。

　前者は、一九三三年にイギリス人建築家の設計によって建てられた鉄筋コンクリート造の元屠畜場。初期鉄筋コンクリートの堅固さを剥き出しにしたデザインと、屠畜場独特の空間構成が、不思議な雰囲気を醸し出すのだが、今はここに、若者向けのショップやカフェ、レストラン、そしてイベントスペースが埋め込まれ、新しいタイプの活気に満ちていた。

　後者は、十数年前、近代上海都市住宅の典型である煉瓦造の里弄《リーロン》建築（「里弄」は路地の

1933老場坊

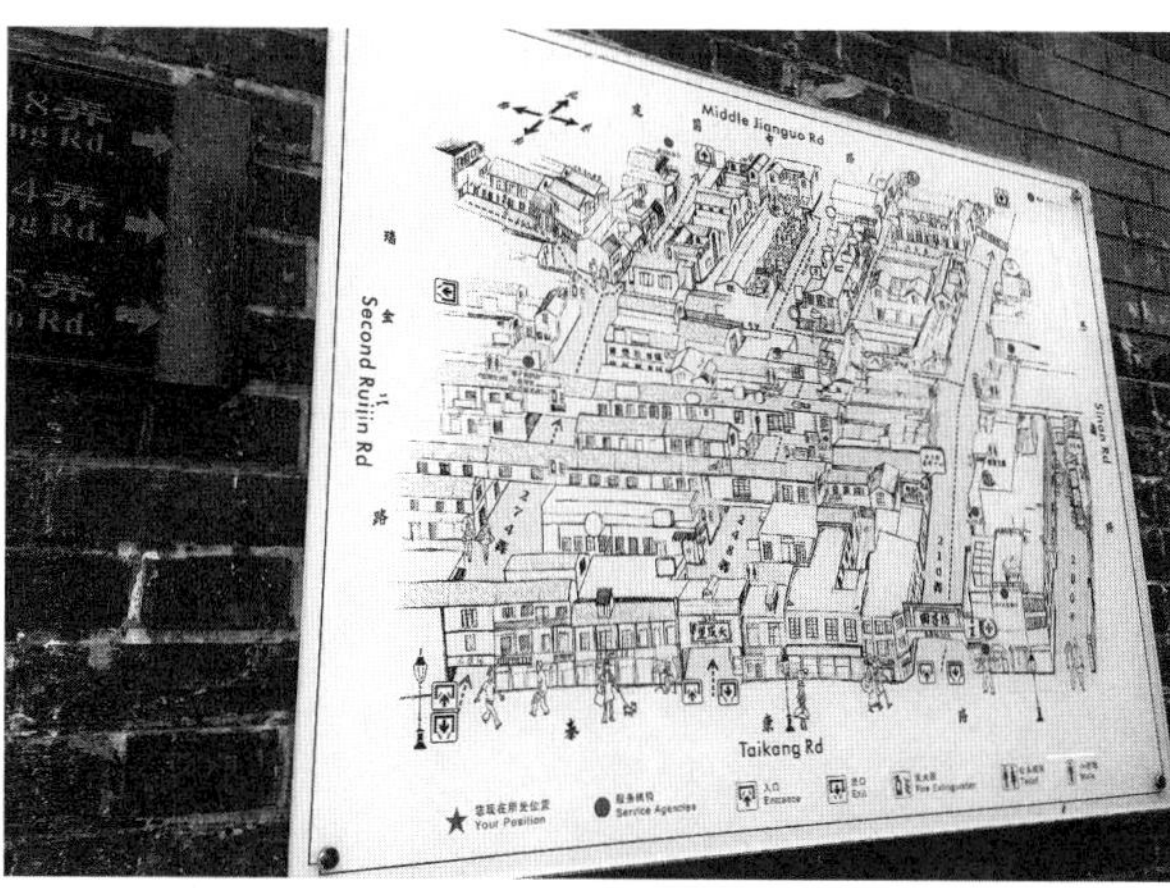

田子坊の一角の煉瓦造の古い壁に貼られた案内図

意）に、アーティストがアトリエやギャラリーをかまえ始め、今や結構広い街区一帯に、アトリエ、ギャラリー、そして洒落たショップ、レストランといった新たな活動の場が埋め込まれ、すりの出現が問題になるほどの賑わいを見せていた。

思い返せば、二一世紀のはじめに上海で観光スポットになっていたのは「新天地」だった。それは、ある里弄一帯を再開発し、以前の里弄建築風の新築建物を配置した商業地だったが、今回訪れた二つの場は明らかにそれとは違う。本物のストックをそのまま使って、新たな「場」を創り出しているのだ。上海にも新しいストック活用の時代が到来し始めているのだと実感した。

既存ストックが十分にあるまち・時代において、人々の生活環境を豊かで楽しいものにするための投資は、「そこで何をやってやろうか」という空間利用者側の構想力、すなわち「利用の構想力」によって促進される。そこが、新築のまち・時代とは違うところだ。例えば、田子坊の里弄建築を自分のアトリエとギャラリーにしてやろうと考えたアーティストの構想力。それは、今やニューヨークの定番スポットになっているかつての軽工業エリアSOHO[*2]で、一九六〇年代にコンバージョン投資を促進したアーティストたちの利用の構想力と同じ類のものである。

そして、ニューヨークSOHOの場合、ジョージ・マチューナスを中心とする芸術運動のグループ「フルクサス」[*3]が、SOHOの空きビルにアトリエを持ちたいというアーティストたちの利用の構想力を協同組合という形で組織化したことが、ストックへの投資を促進したように、面的な広がりを持たせるためには、個々の利用の構想力を顕在化させ、組織化することが欠かせない。上海の二つの事例の場合、どのような主体がどういう方法で利用の構想力の組織化を進めたかは確認できていないが、世界中で起こっている利用の構想力の組織化には、様々な方法があるに違いない。それを学ぶことは、「希望を耕す」ことに繋がるだろうと私は確信している。

民主化する建築

二〇一六年一〇月、『ひらかれる建築――「民主化」の作法』を上梓した。「民主化」というキーワードに沿って、近代以降の建築の状況を振り返り、今の日本の新しい建築界の景色を語ろうとしたものだった。

リノベーションについてのあるシンポジウムで、大阪のリノベーションを先導してきた中谷ノボルさんの、

「今起こっていることを一言で言えば「民主化」やと思いますわ」

という発言に得心して以来、気に入って使っている。簡単にいえば、人々が、自分の暮らす環境、働く環境、遊ぶ環境を自ら主体的に考え、自由に組み立て始めたことを指して、中谷さんは「民主化」と言ったのだ。政治的な闘争などとは全く無縁に、若い人たちがSNS等を通じて知識や経験を広く交換・共有し、ネット上の市場で調達・売買を行うことで、自らの環境を自らの意志で創り出すようになりつつある現代の状況は、まさに「民主化」と呼ぶに相応しいものだし、何ら闘争らしきものがないだけに「素直な民主化」と呼んでもよいだろう。

二〇〇万以上のレシピが集合知を形成するクックパッド、一般の個人の暮らしのノウハウが一躍世界のベストセラーになった近藤麻理恵さんの片付け本、建築工事関連グッズの一物一価を実現したネットストア・モノタロウ等々。これらが象徴する人々の新たな活動の様態、それが「素直な民主化」の背景にはある。

さて民主化についてである。近代以降の建築は一貫して民主化を目指してきたと考えられる。今日の素直な民主化は第三世代、その前に二つの世代があったというのが私の理解である。

第一世代は、戦後民主主義の時代に相応しいように人々の生活基盤を整えるべく、近代的な建築をいわばトップダウンで普及させた世代。健康で近代的な生活をおくれるような住宅を多くの人に届けようとしたハウジング、近代社会の諸制度に対応するべく各地に建てられた学校、病院、図書館、美術館、ホール、工場、オフィスビル。それらは第一世代の象徴だ。

第二世代は、第一世代のトップダウン路線に飽き足らず、その背景にある政治体制、行きすぎた効率主義等への反感とも相まって、「個」の主体性を獲得しようとした世代。一九六〇年代後半以降活発になった世代だ。この世代に現れたいくつかの方法論には、今日の第三世代の民主化において再評価されるべきものが多くある。本格的な説明は前述の拙著に譲るとして、ここでは二つだけ挙げておこう。

一つは「ホール・アース・カタログ」。今では、スティーブ・ジョブズが大きな影響を受けたことで再注目されているが、一九六八年にスチュアート・ブランドらが創刊したこの雑誌は、それまで多くの人の目に触れなかった地球の写真を表紙にしたことが象徴しているように、宇宙船地球号の上で人間が主体的に生きていくために活用し得る科学や技術

これはDIYではないが、最も有名なフラー・ドームの一つ。1967年モントリオール万博でフラーの設計により建設されたアメリカ館。当初はアクリルで覆われており「バッキーの泡」と呼ばれた

や仕組み等々を、網羅的に収集・紹介したもので、冒頭をバックミンスター・フラーの思想や発明が飾っている。

ここに紹介されたフラー・ドームの原理は、その後合板を使ったヒッピーたちのDIYシェルターに広く適用されることになった。ブランド達の狙い通り、お仕着せではない自分自身の住まいや仕事場をつくるツールとして活用されたのである。

今一つはクリストファー・アレグザンダーの『パタン・ランゲージ』。原書は一九七七年、邦訳は一九八四年に出版された。人々が心地よいと感じる環境のあり方やその構築法等を「パタ

ン」として集め、それを組み合わせて全体環境を形成していくという革新的な方法、しかも生活者が主体的に参加できる方法を提示したものだが、今では建築界ではなく、むしろシステム開発等の分野で有効な方法として活用され、情報系の世界では「アレグザンダーはレジェンドです」という人もいる。

パタン・ランゲージの革新性は、建築家と称する人々が自らの奥義と関係付けて何やら専門的に語ることの多かった「空間」とその実現法を、一般の人々に対して開こうとする点にあり、実際日本でもまちづくりや場づくりに活かされている例もある。

『パタン・ランゲージ』日本語版

例えば、石川県の社会福祉法人佛子園《ぶっしえん》が手掛けた集落風の「ごちゃまぜ型」福祉施設「シェア金沢」。パタン・ランゲージは、この拠点を新築した時に、この社会福祉法人で働く職員の方々の意見集約の方法として使われた。職員たちは、あるべき空間の設《しつら》えを構想し建築設計者に伝えるために、全員でアレグザンダーの『パタン・ランゲージ』を読み、それぞれの気に入ったパタンを抽出するという方法をとったのだ。パタン・ランゲージは、建築を人々に対して開くために考えられた「言語」として革新的なものだと思うが、建築界では語られる機会が少なくなっていた。それをリノベーションで目覚めた建築の素人が、アレグザンダーの期待したであろうように「言語」として使い切っているのだ。

私は、「ホール・アース・カタログ」や『パタン・ランゲージ』が明示あるいは示唆していた方法論は、いま日本で始まっている第三世代の民主化においても大きな力になると考えている。

考現学と当事者

「そんなことも知らないで、よく他人様《ひとさま》の前で講演をしたり、雑誌や本に偉そうなことを書いたりできるわね」

家ではこうしたそしりを受けることしばしばだが、今回はいつもよりきつく言われたように感じた。

その日は豊島区で勉強会があった。二〇一四年、日本創成会議人口減少問題検討分科会

若者が集う南池袋公園（写真：株式会社 nest）

の推計による「消滅可能性」八九六自治体の中に、東京都二三区で唯一入った豊島区。それ以来、あるいはそれ以前から取り組んできた同区のまちづくりについて、担当者の方の説明付きで現地見学をさせてもらったのだ。

区立小学校の跡地と民間所有地だったところに、超高層マンションを上にのせる形で実現した、区役所を含む複合ビル。鬱蒼と草の茂っていたようなところが、人々が寝転んだり飲んだり語らったりできる伸びやかな芝生の広場に姿を変え、今や人気のスポットになっている南池袋公園（写真）。そこから池袋駅までの間、街路樹の植わる歩道を拡幅し、飲食店の張り出し等も可能にしたグリーン大通り。星野リゾートが新しいコンセプトのホテルを建て、道を挟んだその向かいでは、古くて小さな木造建物の密集地が新たな飲食の場にリノベーションされてきた大塚駅前。そして、元の区役所の跡地に女性用化粧室階が二階もある劇場やシネコンが建ち、反対側の西口では大きな再開発事業が始まるという池袋駅周辺。短時間ではあったが、丁寧に案内して頂いた。

どれも興味深いものだったが、池袋駅とサンシャイン60[*4]の間のエリアを歩いたのがとても久しぶりだったので、そのエリアの変わりよう、特に中高生も含めて若い女性が多いのには驚いた。一昔前のイメージだろうが、私にとってはこの辺りも「夜の街」という印象なのだ。旧区役所跡地に劇場とシネコンが建つのは、そのエリアのすぐ隣だ。

区役所跡地がよく見える路上で説明を伺っていたのだが、目の前にある一〇階建てほどの商業ビルに若い女性たちが次々と吸い込まれていく。

「中高生を中心に、「聖地」ともいわれているそうなのです、あのビルは。今や全国に展開する「アニメイト」さんの発祥の地はここ池袋なんです。あれが本店ですから、全国からここを目指してやってくる女子も多いのですよ」

と、区役所の方も誇らし気だった。聞けば、かつてオタクといわれた人たちが向かう場所は、男性か女性かで、秋葉原と池袋に分かれているのだそうだ。

帰宅して無知のそしりを受けたのは、この話をした時だった。そんなことを今まで知らなかったこと自体、信じられないというのである。

「恥ずかしいからそんな話は外でしないでよ。お父さん以外の人は皆知っていることだから」

と言われてしゅんとしていたが、本当にそうなのか、本当に皆知っているのか。

ということで、私より少しだけ若い五〇代の建築関係の男性、しかも首都圏に住んでいる十数名に聞いてみた。案の定、半数以上の者は知らない。知っていたのは、自称オタク系だった二人と、編集者の一人、豊島区でも実績のあったゼネコン設計部の一人、そして池袋のこのエリアを自分の庭だと称する女子高生を娘に持つ一人。知るべき環境にある者ばかりだった。

けれども、私自身も含めて、人々の生活する環境や空間を専門に扱う建築系の五〇代(筆者は六〇代だが)、すなわち現役のオヤジたちが、自分たちの暮らす東京の、しかも大ターミナル駅のすぐそばで起きている現象、多くの人々の活動に関わるこういう事柄を全く知らないというのはいかがなものだろうか。冷静に顧みると、この建築関係のオヤジたちの無知は問題だと思う。特に、ただ頼まれたものを建てていればよいという時代を通り過ぎ、ストックの利用も含めて人々の暮らしの場の全体について思いを巡らせるべき時代を迎えている現代日本にあって、この無知は、我が事ながら見過ごすわけにはいかない。

五〇代をすぎた私たちの場合はもう手遅れかもしれないが、関連して思い出した大事な教えを二つ挙げておこう。

一つは、一九二〇年代に「考現学」を創始した今和次郎《こんわじろう》*5の教え。今さんは、関東大震災後のバラック建築の調査に始まり、銀座での風俗記録、本所深川での風俗採集と、都市に出て「現」に動いている人々の風俗を悉皆《しつかい》調査的に記録、採集し、その面白さや大切さを世に示した。考古学ならぬ考現学の始まりである。

今さんの考現学は、都市を計画する上で、現在進行形の都市風俗をよく観察し、分析することが重要だという教えでもあった。

そういえば、リノベーションや公民連携によるまちづくりの世界を先導するアフタヌーンソサエティの清水義次さんも、都市のことを考える上で今さんの教えこそ真っ先に学ぶべきものだと、以前から繰り返し訴えていた。

さて、いま一つは、そのリノベーションまちづくりの世界でよくいわれる「当事者たれ」という教え。これは誰がいつ発したのが最初かはわからないが、スピーチや講演で耳にする機会は多い。「当事者」と同じ意味でよく用いられる言葉に「自分事」というのもある。

今よりももっと豊かで楽しい暮らしの場を求めるのならば、自分のまちに自ら当事者として関わるべきだという教えである。これには都市風俗をよく観察、分析することも必要だろうが、単に観察、分析しているだけでは足りない。自ら責任を持って、そのまちに飛び込んでいけという意味が含まれている。

軽く笑い話ですましてきた無知。そんな私も、考現学の教えや当事者たれという励ましに耳を傾けるべき時期なのだと反省しきりではあった。

団地再生

今から四半世紀ほど前のこと。私は「ハウスジャパン」[*6]というかなり大掛かりな通産省の技術開発プロジェクトに関わっていた。当時すでに「フローからストックへ」といわれて久しく、リフォームやリノベーションが技術開発の主たる対象として強く意識され始めていた。

七年間のプロジェクトの間、国際的な技術交流をすべく幾度か調査団をヨーロッパやア

1960年代に建ったスウェーデンの公共集合住宅（リノベーション前）

1990年代に行われたリノベーション後

メリカに派遣した。そんな中で出会ったスウェーデン在住の建築家ピーター・アドラー氏（故人）から、あるレポートをもらった。そのレポートにあったのがこの二枚の写真である。初めは戦後の公共集合住宅の建て替え前後の写真かと思っていたが、聞けば建て替えではないという。今時の言い方をするなら、リノベーション前後の写真なのだという。正直いって驚いた。建物を取り壊すことなく、これほどまでに姿を変えた例を見たことがなかったからだ。

それから興味がわき、仲間とともにスウェーデンに限らず、フランス、ドイツ、デンマーク、アメリカで集合住宅団地を調べて回ったが、同様に大規模なリノベーション実施例はあちらこちらで見られた。日本ではほとんど知られていなかったので、広く知ってもらおうとまとめたのが『団地再生――甦る欧米の集合住宅』（拙著、彰国社、二〇〇一年）という単行本だった。

同じ頃、若くてキラキラした建築設計組織みかんぐみが『団地再生計画／みかんぐみのリノベーションカタログ』（INAX出版、二〇〇一年）を出版し、三年後には、現在の一般社団法人団地再生支援協会（https://www.danchisaisei.org/）の元になった、団地再生を主題とするNPO法人と任意団体も現れた。しかし、当時はまだまだ、団地再生が時代の切実なテーマだという意識を国内で広く共有する雰囲気は醸成されていなかった。

二〇一〇年頃になってやっと、日本でも団地再生が産官学、東西南北、様々なところで議論され、少しずつだが実施例も出てくるようになった。背景にあるのは主に二つ。一つは各地の団地で顕在化する問題、即ち同時進行する住み手と建物の高齢化である。もう一つは、多くの団地がその敷地の大きさやロケーションから、地域の活性化あるいは衰退にとても大きな影響を与える存在だという事実である。

東京を例にとると、二〇一六年度から一〇年間の住宅政策の具体的な方針を示した「東京都住宅マスタープラン」の中で、八つの政策目標のうちの一つが「都市づくりと一体となった団地の再生」とされており、団地再生の政策上の位置付けの大きさがよくわかる。そして、「都市づくりと一体となった」という文言が含意しているように、単に団地の中で顕在化する問題の解決だけを目標にしているのではなく、いわば都市再生の核として団地に期待を寄せている。

また、二〇一六年九月に施行された「都市再生特別措置法等の一部を改正する法律」では、「高度経済成長期に大量に供給され、老朽化が進んでいる住宅団地について、地域の拠点として再生を図ることが求められています」とした上で、市街地再開発事業の方法を適用して団地再生を進める可能性が新しく示された。

さて、このように団地再生の意義についての理解やそれを進める環境整備は進んできたのだが、実践となるとまだまだはかばかしく進んでいないのが実状である。団地再生プロジェクト自体が、それを実施する主体に新たな能力とその組み合わせを求めるからだ。

高齢者の多い社会での、未来の生活環境への投資に関する合意形成。若者が移り住んでくるための子育て環境や新しいタイプの寄り合いの場の形成。サポートを必要とする高齢者への医療・福祉サービスの提供。異なる世代が交流できる仕掛け。団地外の地域住民も気軽に出入りできる日常的な魅力の創出等々。従来の新築主体の建築産業に求められなかった能力発揮が複合的に求められる。換言すれば、人口減少局面に入ったストック活用型社会に相応しい新たな産業モデルが求められているのである。

今の日本で、新たな産業モデルを育む団地再生のフィールドには事欠かない。機は熟しつつある。堰を切ったように各地で面白いプロジェクトが次々と動き出す日がとても楽しみだ。

インバウンドのインスタ映え

高度経済成長期から増築に増築を重ねてきた旅館やホテル。和洋の別や木造・非木造の別を問わず、日本の観光地には付き物のように存在する。宴会の後、右折左折を繰り返し、ちょっとした段差や階段の昇降を経て、やっとのことで自慢の風呂に辿《たど》り着く。よくある経験だ。

建築関係者同士がそういうところに泊まると、浴衣姿で長めの廊下を歩きながら、「おいおい、これ大丈夫か?」、「もちろん大丈夫じゃないですよ」というような会話を交わしていることがある。多くの場合、それは「法令上大丈夫か?」という意味である。

その意味で「大丈夫じゃない」ものは少なくない。典型的なのは、新築あるいは増築の工事完了後に、建築基準法の定める完了検査を受けておらず、検査済証を持っていないケース。これでは、竣工時に建築基準法を満たしていたことを証明できない。必要な確認手続きを経ずに所有者の判断で行ってしまった増築の問題もある。その内容にもよるが、一般的には違法と見なせるものが多い。建物用途にかかわらず、そういう建物は世の中に大量に存在している。

さて、これらの「大丈夫じゃない」部分を遵法化するにはどうすればよいのか。最も単純な方法は取り壊して建て替えることだ。だが、それでは費用も多額になる上、休業期間が長くなり、これまで大事にしてきた得意客が離れてしまうことになりかねない。そこで、取り壊さず大規模な改修工事によって遵法化できないかということになる。だが、これも一筋縄ではいかない。

新築時や増築時の図面一式が残っていないケースも多いが、この場合、使っている建物を実測調査して現況を示す図面を作成し、建築基準法の定める確認手続きを経て、既存不適格建築物として法的に位置付けてもらう必要がある。そしてそこから現行法規に照らした不適格部分を是正する改修設計を行い、大規模な改修工事の許可を得て着工するという運びになる。その過程で予期せぬ建物の実体に出くわして、想像もしていなかった対応を迫られることも珍しくないだろう。しかも短期間でそれらのプロセスをまとめ上げなければならない。タフな仕事だ。

大学の後輩の國分《こくぶん》昭子さんが、ほぼ一人でそのタフな仕事をやり遂げたと聞いたので、その仕事ぶりを見に行った。新型コロナウイルス感染が広まる一年以上前のことだった。

河口湖で長く営業してきたというホテルの改修で、様々な制約条件を勘案すると、彼女の仕事ぶりは頭の下がるものだった。泊まり心地のよさ、食事の美味しさ等から、オーナーとの意思疎通の良好さもよくわかった。建物だけではない。コンテンツあっての旅館業である。

ところで、河口湖は久しぶりの訪問だったが、私が若かった頃、人気では山中湖が河口湖を随分上回っていたように思うし、河口湖のホテルを大規模改修して客が増えたといわれても、具体的なイメージがわかなかった。ところが、驚いたことにそのホテルだけでなく、現地の食堂も駐車場も満杯、実に賑わっていた。「ほうとう」を注文する声でわかったのだが、圧倒的にインバウンド観光客だ。ホテルでの夕食時にも、テーブルの大半は、中国人と思しきカップルや東南アジア系の家族連れが占めていた。

銀座や心斎橋、祇園のような大都市の観光スポットがそういう場所になっていることは知っていたが、河口湖のような場所もそうなっているとは、不覚にも認識していなかった。聞けば、富士山の見え方、湖の形、交通の便のよさ等、河口湖が本来備えていた特長を再評価して、その人気を高めたのも、インバウンド観光客であり、インスタグラム等での彼らの発信が力になったとのことだった。

そういえば、國分さんによる施設案内でも、特に個室の窓やバルコニーの設計では「インスタ映えを狙った」という説明が聞かれた。一〇年前には想像もできなかった設計の注力点である。

電車でも、隣の客のスマホ画面に、インスタグラムの写真らしきものが次々と出てくるのを目にすることがある。膨大な量の写真をどんどんフリックしていって、ふと気になった写真があるとそこに戻るというパタンが多い。インスタ映えする写真に戻っているのだろうと想像する。

世界中の人が、そうやって建物の部分やそこからの景色で構成される「場」の質を視覚的に評価し、それが具体的な来訪や利用に繋がる時代なのだ。建築の専門家だけで建築を評価し合う旧来型の閉鎖的な世界は、こういう国際的で行動的な一般の人々による表現や評価に呑み込まれることになるのだろう。建築が人々に開かれていくこの感じ。とてもわくわくさせられる。

なお、新型コロナウイルスの影響で、二〇二〇年春以降、あんなに大勢きていたインバウンド観光客はほとんどゼロになってしまったが、そう遠くない将来、元の姿に戻ることを大いに期待している。

文化遺産の保存再生

二〇一九年秋の日本列島は幾度となく台風や大雨に襲われ、各地で様々な被害が発生した。そんな中、九月末に、ある世界文化遺産が見学不能になったというニュースが流れた。長崎市端島《はしま》、「軍艦島」の名で知られる炭鉱の島である。

戦前の富国強兵、戦後の経済成長に伴う旺盛な石炭需要に応えるべく、この島にはかつて多くの技術者や炭鉱労働者とその家族が移り住んだ。多い時は五〇〇〇人以上の人が暮らしていたという。

軍艦島は一つの町だった。働く人たちとその家族のための集合住宅に学校、各種の厚生施設に生産施設、そして神社までもが、限られた面積の島の中に大都市並みの密度で建てられた。それらの建設は一九一〇年代に始まり一九七〇年代まで半世紀以上にわたって続いた。ところが高度経済成長の終焉《しゅうえん》とともに炭鉱は閉山。それに伴って一九七四年までに全住民が転出を余儀なくされ、島内の建物群はことごとく廃墟になった。以来、島の所有権の譲渡（三菱グループの企業から高島町へ）はあったものの、それらを取り壊す理由も機会もなかったのだろう。四〇年以上もの間、人の住まない廃墟のままであり続けた。

軍艦島の一部（2008年、離岸する船より筆者撮影）

海上で軍艦と見紛うほどの威容、かつての炭鉱町の暮らしをいまに伝える建物群、日本でも早い部類の一九一〇年代竣工のものもある鉄筋コンクリート構造物の劣化のあり様、そして何よりも島全体がほぼ手付かずの廃墟だという珍しさにひきつけられて、この四〇年の間に多くの人が上陸したと思う。私も、十数年前に建物の劣化調査のために上陸して心動かされた経験がある。

ただし、軍艦島は廃墟であって観光地ではなかったから、整備や維持保全のためのまとまった投資は行われていなかっただろうと思う。それが、二〇一五年に「明治日本の産業革命遺産製鉄・製鋼、造船、石炭産業」の一部として廃墟のまま世界文化遺産に登録されたのである。

同じ文化遺産でも「世界」を冠すれば、そのブランド力が観光客を引き寄せ、結果として島とその周辺の観光収入は大きなものになる。かなりの継続的な出費を伴う廃墟の保存を可能なものにできるかもしれない。けれども、今回の台風に伴う上陸見合わせに見られるように、観光客を迎え入れられる安全の確保等を考えると、その運営に多くの苦労を伴うことは想像に難くない。

「世界遺産」は例外的だが、今日の日本では竣工後半世紀をすぎたような建物の層はすこぶる厚くなり、建設後五〇年経過が条件の一つとされる「登録有形文化財」の候補となる建物は急増している。実際、文化庁の発表（二〇二〇年一月一日）によると建築物の登録数は九八一七件に達している。ちなみに土木構造物は六四〇件である。

そんな中、還暦すぎの私などにはまだ記憶に新しい身近な建物も、登録有形文化財になり始めている。

二〇一九年七月に開催された国の文化審議会において、日本住宅公団（現在のUR都市機構）が一九六二年に管理開始した旧赤羽台団地（東京都北区）のポイント型住棟（スターハウス）を含む四棟について、国の登録有形文化財（建造物）に登録するよう答申が出された。団地としては初のことである。実はその前年に、日本建築学会もUR都市機構に対

保存活用されるUR赤羽台団地のスターハウス（写真提供：UR都市機構）

して「UR都市機構赤羽台団地の既存住棟（41、42、43、44号棟）の保存活用に関する要望書」を提出していたから、もともと文化財としての価値には太鼓判が押されていたのだが、問題はここからだ。一体どう保存活用していくのか。

赤羽台団地に関しては、それが優れて公共性を帯びた空間であることもあって、保存活用を要望した日本建築学会内に専門の委員会を設けて、[*7]二〇一九年一〇月から三年ほどの時間をかけて活用法を検討することになった。空になった鉄筋コンクリートの箱の中に、新しい住の形を組み込んでみるとか、学生たちの若々しい提案を実装してみるとか、ストック改修の技術者育成の生きた教材として使ってもらうとか、その成果を一般の方々に広く公開するとか、いろいろとアイデアは出るだろう。しかし問題は、これから長きにわたってそうした面白く意義のある活用を継続していくことができるのか、その組織的、財政的な裏付けの有無が鍵になるだろう。

今後建築界では、この種のストック経営、文化財経営が大きな位置を占めてくるに違いない。機会を見つけては果敢な挑戦を積み重ね、その経験を広く共有して活動基盤を固めていくほかない。

建築と建築情報学

一九七〇年代末、私は卒論を書く時期を迎えていた。当時の研究室には博士課程の大学院生や助手が何名もおり、そのそれぞれがリーダー格になって研究課題を掲げていたから、それに応じて卒論のテーマも様々だった。私は「システムズ・ビルディングの設計プロセスに関する研究」という卒論テーマを選んだ。テーマ名だけでは想像がつかないかもしれないが、当時始まったばかりの建築設計へのCAD（Computer Aided Design）の適用についての研究というのがその中身だった。

すでに博士課程を終えていた寺井達夫さんと修士課程の先輩二名のグループに私が加わる形になったのだが、修士課程のお二人は研究室にはあまり顔を出さず、当時六本木にあったIBMサイエンティフィック・センターに通っていた。私の所属した内田祥哉先生の研究室がIBMと研究上の連携関係を結んでいて、そのセンターで、IBMの大型計算機やデジタイザー、プロッターといった周辺機器を自由に使えたからであった。二人の先輩は寺井さんの指導を受けながら、新たなCADシステムの基本的な部分の開発に取り組んでいた。

当時大手のゼネコン、設計事務所や住宅メーカーで適用が試みられていたのは、大型のプロッターを用いた製図と、長時間を費やしてどうにかこうにか陰線消去を施した内外観パースの作成くらいだった。陰線消去といっても、モデルは二・五次元、即ち単純化した大枠の立体の表面に二次元の立面情報を貼り付けるという体のものだった。面同士の前後関係がわかってさえいれば、何とか陰線消去はできる。これに対して、研究室の先輩たちが取り組んでいたのは、三次元のソリッドモデルによるCADで、あらかじめ外壁や窓、柱や梁といった建築部品をソリッドモデルとしてデータベース化しておき、必要に応じてそれらの中から選択し組み合わせることで、内外観や空間性能をチェックしながら、まるで実際の施工現場で組み立て、手直しするかのように設計を進めていくという構想を持っていた。大学らしく近未来志向ではあったが、まだ物体同士の干渉をどう扱うか（例えば、壁体に窓用の穴を開けたという状態を計算機にどう認識させるか）という基礎的な部分の演算と、そのプログラム化に取り組んでいる状況ではあった。

ただ、半年程度の卒論ごときで二人の先輩の成果を理解して、さらにそこに自分なりの課題を加えて成果を出すのはとても無理だということで、私はその開発には関わらなかった。代わりに、産業界でのCADの開発と適用がどこまで進んでいるかを調べ、将来の方向性を見極める卒論に取り組むように指導を受けた。そして、そのために読むことを薦められた洋書が二冊あった。当時カリフォルニア大学にいたウィリアム・J・ミッチェル[*8]の“*Computer-Aided Architectural Design*”（一九七七年）と、MITにいて後にメディアラボを立ち上げることになるニコラス・ネグロポンテ[*9]の“*Soft Architectural Machines*”（一九七六年）であった。両書とも大著で、英語の文献に慣れていなかった卒論生の私は、斜め読みによるごく浅薄な理解にとどまったが、前者はCADを単なる汎用システムの適用としてではなく、建築設計専用に考え組み立てることの重要性を説いている点で先駆的だと教わったし、後者では、人間の身長や気分に応じて開口部の高さや空間の大きさが変わる、新たな「マン―マシン」インターフェイスを組み込んだ建築の未来像が描かれていて驚いたのを覚えている。

さて、四〇年前の思い出をここまで書いただけで、今日の建築における情報関連技術の適用の多くが、当時すでに想像できるものだったことがよくわかる。ソリッドモデルを前提としたBIMの展開しかり、様々なセンサーや、場合によってはAI機能を備えて人間に反応する建築の追求しかり。そして、その中にはまだ四〇年前の想像にすら届いていないものも少なくないように思う。

四〇年前になかなか想像できなかったのは（浅学だった私だけかもしれないが）、計算能力と通信速度の圧倒的な増大である。そして、その巨大な能力と速度を利用して建築でできること、建築を変えられることを探す人々が全世界でどんどん増え、それが時代の最重要テーマのようになっていることである。どうやら計算能力と通信速度の増大に、建築分野の人間の想像力のほうが追い付かない時代になってしまったようである。

四〇年前の想像の範囲からはみ出ることなく、すでに商品化の対象になっているBIMやIoTの適用という話だけであれば、取り立てて「建築情報学」などと身構える必要はない。問題は、これからも圧倒的に進展していくであろう計算能力と通信速度の増大に振り回され、目先の情報を処理しているだけであるのに、まるで何かを考えているかのように思い込まされ、人間性そのものといってもよい想像力が擦り減らされるような事態はどのように避けられるのかということだろう。「建築情報学」の必要性を唱える慶應義塾大学教授の池田靖史さんやｎｏｉｚ代表の豊田啓介さんたちが[*10]、あえて今「学」という構えを築こうとしている背景には、この問題に対する直感的な危機認識があるように思う。

計算能力と通信速度の異常な増大に強迫されるような形で建築への適用を考える、いわばとめどない「受け身」の立場。そこから抜け出し能動性を確保するための「建築情報学」。私はそういう捉え方をしているが、そこでは建築の本質に立ち返ることが「学」として成り立つための鍵となるものと思われる。

建築の本質とはいってもその捉え方は人によって様々だろうし、私もその全体を言葉で表すことはできない。ただこの一〇年ほど、その得もいわれぬ建築の本質に再接近したいという動機が、いろいろな人あるいは組織の動きから垣間見える。三・一一以降のこれまでにない数の学生を含む建築関係者の被災地への関わり、その後の災害への言及や取り組みがそうだし、環境工学の専門家の間の議論に委ねられていた建築にまつわるエネルギー問題に、従来であればさほどの関心を示していなかった建築関係者たちが言及し、建築行為との関連で啓発的な行動を起こしている例などにも、建築の本質への接近あるいはそのことへの希求を強く感じる。

私自身は、既存建物があり余る時代にあって、建築をつくる側ではなく利用する生活者の側の構想力こそが問われる時代になったという認識を「民主化」という言葉に託して論じながら（前出『ひらかれる建築――「民主化」の作法』、あるいは『空き家を活かす――空間資源大国ニッポンの知恵』朝日新書、二〇一八年）、建築専門の職能とは何なのかという、やはり建築の本質に関わる問いを突き付けられてきた。

そのような建築の本質に立ち返る時代の気運を強く感じる中で、私が建築の本質の中でもとりわけ抽象度の高いものとして位置付けてきた「構成」という概念。建築情報学に立ち返ってほしいのは、建築の本質を示すこの概念である。計算能力と通信速度の増大は、膨大な情報量に流されて麻痺する危険をはらみつつも、一見「構成」とは無縁のバラバラで偶発的な事柄とその相互の関係が織り成す空間を扱い得る地平に、人間を立たせてくれるに違いない。そして、部分と全体の関係を示す「構成」という概念は、ツリー構造のような感覚的に捉えやすい関係とは全く異なる、部分と全体の関係までを対象化できる新たな段階に入ることが期待できる。その時、この「構成」つまり「建築」をものにすることは、即ち巨大な計算能力と通信速度に能動的に与《くみ》するように、人間の想像力を鍛え上げることに繋がると、私は考えている。それは対象が建築であるかどうかを問わず重要なことである。

建築情報学を構える必要はまさにこの点にある。巨大な計算能力と通信速度の中で豊かな人間性の証《あかし》である想像力を擦り減らさないための概念として、新たな「構成」即ち新たな「建築」を追求し、その過程と結果を広く世代を超えて共有すること。それこそが現代の私たちが建築情報学を必要とする理由であり、これに求める事柄である。

建築情報学は、第一義的には、計算や通信に関わる知識とかかわりなく習得できる概念とそれに付随する事柄によって骨格がつくられるべきだと考えるが、計算や通信に関する高度に専門技術的な事柄を加えずに、純粋な形で新たな概念を追求し、ものにすることは極めて困難であろう。したがって、そうした専門技術的な事柄も、建築情報学の中に加えねばならない。ただ、あくまでも第一義的にではなく、である。

最後に、技術ではなく概念を第一義にと言っている意味が伝わりにくいかもしれないので、補足的に、浅田次郎の代表作『蒼穹の昴』の中の感動的で示唆的な場面の話をしておきたい。それは、謀反《むほん》を企て囚われの身になった主人公の一人が、そこで身の回りの世話をしてくれる耳の不自由な少女に、世話になっている恩返しにと日々字を教える場面である。処刑の日が迫り、少女に字を教えられる最後の日、彼は「宇宙」という字を教えようとしたが、この小さな世界でしか暮らしたことのない少女にその意味（時間と空間）を伝えることは不可能だと思って涙する。ところが、翌日の別れ際、少女はあの字の意味はわかったよと言って両手を一杯に広げて深呼吸をしてみせたのだった。

このような要約で原文の感動と示唆をお伝えすることは不可能だが、具象世界の実際を伝える手段ばかりが拡張する中にあって、概念、即ち抽象世界の広がりを感受させる「学」こそが必要であり、それは具象と同じように、あるいはそれ以上に十分に伝えられるということを象徴する物語だと思う。

II　アイデンティティを見つめ直す

建築や建設に関わる人々が希望を耕す上で、行うべきことの一つは、自分たち自身の固有性やそれを形作っている歴史を見つめ直し、今後ともこだわるべきことが何で、こだわるべきでないことが何なのかを考えてみることだと思う。本章は、そうした見つめ直しのために編まれた章である。

まず土木と建築、この似て非なる二つの分野の違いを、特に発注者責任という観点から考察し、建築が耕すべき場所を指摘する。

次に建築界の平成の三〇年間を振り返ってみる。私たちの足場になるこの三〇年が、どれほど変化の少ない三〇年であったかを顧み、そして、少ないとはいえ見出せた、平成の三〇年間の変化の中で、今後に向けてあえて取り上げるべき事柄を二つ指摘し、それらについて論ずる。

その次は、新しい技術の開発や適用のあり方について。建築界が工業化や情報化を志向する際に陥りがちな賢明でない技術適用と、できればこうありたいという効果的な技術適用を峻別《しゅんべつ》する考え方について述べた後、超高層建築、その工業化や情報化への早い時期の取り組み例である最初期の超高層建築・霞が関ビルを典型的な題材として、日本独特の先端的な技術へのアプローチの仕方とその得失について考える。

　他方で、霞が関ビルのような超高層建築とは別世界といえる身近な分野も日本の建築界に広がっている。そこで、次は一転、小さくて日常的な建物の世界を担ってきた町場《まちば》の工務店について、必ずしも広く知られていない彼らの業《なりわい》の成り立ちや変容を明らかにする。

　続くパートでは、いわば超高層建築が代表する世界と、町場の工務店が担う木造建築の世界が交わる可能性について考える。具体的には、二〇一九年に起きたパリのノートルダム大聖堂の火災で再認識させられた、異種材料を組み合わせた建築構造の歴史や可能性と、建築が多くの人々に愛され得るという希望に言及する。

　本章の最後は『陰翳礼讃《いんえいらいさん》』である。谷崎潤一郎のこの随筆について、建築界でよく読まれてきた理由を解き明かすとともに、その現代的な意味について思いを巡らす。

土木と建築

　私は建築界の人間だ。大学では土木はお隣さんである。工学部の中では「建設系」という名のもと一括《ひとくく》りにされることも多いので、何かとお付き合いはある。個人的には、建設系共同の大規模な研究・教育プロジェクト[*1]の幹事役を一〇年ほど務めていたので、土木の先生方に親しくお付き合い頂いた方だと思う。だから、二つの世界の相違点と共通点はおおむねわかっているつもりでいた。しかし、改めて言語化する機会もなかったので、ここで整理してみたい。

二〇一七年の秋、土木学会と建築学会の間で恒例になっている二学会会長・副会長会議という場に出る機会があった。その会で土木学会の大石久和会長（当時）が言われた一言がとても印象に残った。「発注者責任」という言葉である。

大石会長の言われた「発注者責任」は、技術開発を導く責任や建設行為による公共の利益の増進に対する責任等、含意するところが大きいのだが、ここに土木と建築の大きな違いの一つがあることを改めて強く認識させられた。

よくいわれるように、土木では公共事業が中心だが、建築では民間事業が大半を占める。[*2]このことは私もよく承知している。しかし、ここから一歩踏み込んだ時に改めて、発注者の責任に対する考え方が大きく違うことに思い至る。読者諸氏には釈迦に説法かもしれないが、私自身に関していえば、これまでこのことを明確に意識する機会も必要もなかった。だから、大石会長の発注者責任に関する話が響いたのである。

土木の方々もおおむねご存じと思うが、民間事業主体の建築分野では、それが個人であれ組織であれ、建築の専門知識を十分に持っている発注者は決して多くない。だからこそ、建築分野では「情報の非対称性」という市場の欠陥がよく話題になる。保有する情報量においても知識においても、受注者側が圧倒的な優位にあるという現実を前提にした時、施工する受注者側にいいようにやられてしまうのではないかという懸念が常に生ずる。だから、発注者側の情報や知識を補う何らかの有効な仕組みが求められる。

建築における設計／施工分離の議論[*3]は、ここにこそ根差している。つまり、設計者は建築工事の発注者側に立ち、情報も知識も十分には持っていない発注者の代わりに、専門的な立場から施工者を指導・監督する。これは情報の非対称性を解消する一つの有効な手段になり得るので、設計と施工は別の組織が担当すべきだというのである。もっぱら設計業務にのみ従事する個人や組織が当たり前のように存在している背景には、こういう考え方があるわけだ。

一方、日本社会には、かつての「旦那と出入りの職人」の関係に通じる発注者と受注者の継続的な主従関係と、そこで育まれる信頼関係もいまだに存在している。そして、その場合には、受注者が発注者の不利益に繋がることをするはずがないという認識が成立する。これが、より伝統的な、設計施工一貫[*4]という形に根拠を与えている。

このように建築界では、発注者側と受注者側の保有する情報が非対称である中、いかにして発注者の利益を守るのか、そのことに議論が偏りがちであった。そのためか、発注者の責任というところにまで議論が及ぶのは稀《まれ》だ。

例えば、地域空間の中で建築を造ること自体についての発注者責任はどうだろうか。多くの建築は私有財である。けれども、建築はその所有者以外の多くの人の生活環境の一部でもあり、世代を超えて存在し続ける可能性も高い。所有権も容易に移転する。だから、好むと好まざるとにかかわらず、建築は多くの土木構築物と同様に公共財的な性格を帯びる。

どこにどんな建築を造るかはその地域社会にとってとても大事なことである。だから、個々の建築工事の発注者には相応に大きな責任があるはずである。

建物の高さや容積、用途等の制限や、各種防災性能の要求等、建築基準法や都市計画法によって、どこにどんな建築を造るべきか、どんな建築を造ってはいけないかのぼんやりとした輪郭は示されている。ただ、あくまでぼんやりした輪郭にすぎない。多くのことを具体的に決めるのは個々の建築工事の発注者である。

しかし、民間の建築工事は、それを成り立たせる土地、資金ともに私権の範囲に属し、私的経済行為としか言いようのないものでもある。そこに公共的な観点から発注者責任を求めてみても、暖簾《のれん》に腕押しの如く、神の見えざる手*5に任せればよいという考え方が立ちはだかる。

土木分野では公共事業が多く、また公共の発注組織には土木の専門家がいることが多い。もし土木工事により何らかの問題が生じた際、少なくとも仕組みの上では、発注者責任の追及を阻害するものはほとんどないだろう。投資判断が神の見えざる手とごくごく直接的な関わりを持ちはしないのだから。ただ、むしろそこに土木分野の今日的な悩ましさがあるものと想像する。つまり、公共投資に、より民間的な経済効率が求められるようになってきており、それへの対応が必要になっているからである。

建築でも公共事業が明らかに先導的な役割を担った時代があった。その時代には、土木と同じように、公共の発注組織に建築設計の専門家が多数籍を置き、時代の先駆けとなるような建築を次々に生み出していた。私が学生だった一九七〇年代ですら、大学の設計教

日本の近代土木工学の父古市公威[*7]（左）と建築学の父ジョサイア・コンドル[*8]（右）の銅像。ともに東京大学本郷キャンパスの正門の近くにある

育の中心は公共施設であった。しかし今は違う。神の見えざる手との付き合い方こそが焦点になっている。

昨今、リノベーションまちづくりの世界を中心に、「算盤《そろばん》と志の両立」、「パブリック・マインドを持った民間」という新しい掛け声[*6]が聞こえるようになった。ひょっとすると、土木的な感覚と建築的な感覚は、相補う形でそうした方向に双方の未来を見出していくのかもしれない。

平成の三〇年

平成最後の年の暮れ、奇遇といえば奇遇かもしれないが、平成最初の年（一九八九）にオープンした渋谷東急文化村のオーチャードホールに初めて出かけた。二〇一九年で結成半世紀になるプログレッシヴ・ロック界のレジェンド、キング・クリムゾン[*9]のコンサートがあったからだ。

　このきっかけも平成絡みの話になるが、平成最後の私の誕生日に、勤務先である東京大学建築学科を平成最初の年に卒業した数名の方と呑み会を楽しんだ。その折に、サプライズの誕生日プレゼントとしてキング・クリムゾンのコンサート・チケットを頂いた。私がずっとファンだったことを誰かが知っていてくれたのだ。教え子たちの細やかな気遣いに感謝感激だった。

　平成最後の年の瀬に思い返してみると、私は平成の最初から最後まで同じ職場に勤めていたことになる。何とも変化のないことだ。その中で、平成元年に卒業した学年は、私が初めて講義を受け持った学年で、年齢も一〇歳ほどしか変わらない、親しみのある学年だ。

　当時はバブル経済の真っ只中で、ほとんどの学生がきちんと講義に出席している今日とは全く様子が違っていた。午前八時半から始まる私の建築構法の講義に、初めから出席している学生は皆無ということもあった。若手の教員の間で「どうすれば、今の学生たちは講義に出てくるのか」を、本格的なワーキンググループを設けて議論したこともあった。

しかし、開始時から講義に出席していたかどうかはともかく、平成元年の卒業生たちは今や五〇代になり、各方面で活躍されていて、大した学恩があるわけでもない当時の若造教員の私にまで、冒頭の話のようなサプライズの誕生日プレゼントをしてくれるような徳のある人たちになっている。その背景に、それぞれの個人の能力や人間性があることは間違いのないところだが、平成という時代が彼らを育て上げたこともまた間違いのない事実である。

私との呑み会に参加して下さった平成元年卒業の方々を職業で見ると、自分で建築設計事務所を経営する人、組織設計事務所に勤める人、住宅メーカーに勤める人、大学で教えている人、情報系のコンサルティング会社を経営する人と様々だ。

ちなみに、最新の同窓会名簿で彼らの学年の現在の所属先を見てみると、最も多いのが大手ゼネコン。所属が不明の人を除いた五〇名弱の中で、二八%をも占めている。この中には、建設現場で施工管理技術者として活躍する人もいれば、設計部門や開発部門、さらには研究部門で活躍する人もいる。二番目に多いのが、建築設計事務所と大学・公的研究機関で一七%。まとめ方が恣意《しい》的で恐縮だが、それに続くのは、不動産・鉄道系と、情報・経営コンサルタント系とで、それぞれ一一%を占める。バブルの影響もあって、金融・保険・証券系が結構いるはずという先入観があったが、今やその種の業界で働いている人は二％にすぎない。

こうした構成は、彼らより約一〇歳年上の、昭和五五（一九八〇）年卒業の私自身の学年とそう大きく変わることはない。ゼネコンで働く人が、むしろ平成元年卒業の方が多いくらいで、案外オーソドックスな構成だといえる。

それでは、その後平成の間にかつてのオーソドックスな構成は変わってしまっただろうか？　一般的なイメージとして、平成の三〇年間で就職の仕方も様変わりしたし、かなりの変化があったというところではないかと想像するが、実態はそうでもない。

平成二五（二〇一三）年三月卒業の方々の職場を、先の平成元年卒業の方々の場合と同じ方法で見てみる。情報・経営コンサルタント系が五ポイントほど増え、逆に四ポイントほど減ってしまった建築設計事務所を抜いて、大学・公的研究機関とともに二番目に多い職場になっていることくらいが目立った変化で、ゼネコンはさらに三ポイント増えて三一％に達している。ほかは、不動産・鉄道系も金融・保険・証券系も含めてほぼ変化がない。

「平成」という言葉の響きがまだ新鮮だった頃に、大学やゼネコンに勤める先輩・後輩数

『平成建築生産事典——変革の時代を読む』

名と企画編集した「平成建築生産事典」[10]という雑誌の特集号がある（彰国社、平成六〈一九九四〉年、その後単行本化）。ふと思い出して、目次を見返してみたところ、平成三〇年に出版した本だと言ってもさほど違和感のない内容だった。私たちに先見の明があったわけではなく、それほどに、平成の三〇年間で問題の所在や先端的な技術の方向性は変わっていないということなのだと思う。

試しにいくつか目次に現れるキーワードを拾ってみよう。文化遺産の保全、資源の再利用、ダメージトレラント設計[11]、環境共生、ロングライフビルディング、アジア市場の将来、マンションストックの再生、超高齢化社会対応、海外調達、生産拠点の海外展開、グローバリゼーション、異文化交流、生産設計[12]、ビルダビリティ[13]、デザインビルド[14]、生産情報の標準化、バーチャルデザイン、統合CAD、情報ネットワーク、PMrとCMr[15]、総合図[16]、自動化・ロボット化、技能工育成、外国人労働者問題、技能工なしの工業化システム等々。

いかがだろうか？

平成の三〇年間、いろいろありはしたものの、実はそれほど大きな変革期ではなかったのかもしれない。この三〇年の間に、いわばオーソドックスに積み重ねてきたものが、あまり重荷にならずに、これからの変革期に力になるように再発見と再組織化をすること。新しい元号「令和」の時代にはその姿勢が大切になるのだろうと改めて思った。

東京都庁舎の施工現場（写真撮影：浦江真人氏）

平成に入ったばかりの時分、私の研究室には東京都庁舎の施工現場を調査しているチーム[*17]があった。メガストラクチャーの建て方、タワークレーンと大型昇降機との最適な組み合わせ、小梁・デッキ・配管・ダクト類をプレアセンブルした大型部品化、本石打ち込みの超ヘビー級カーテンウォール等々、いろいろな技術を思い出す。あれから三〇年経って、製品、素材、工業化（後述）、設計ツールに大きな変化はあっただろうか。もちろん日々の積み重ねの結果としてのこまごまとした変化はあったし、ガラス等の断熱仕様や天井高に代表される、要求性能の水準自体の変化もあるにはあった。しかし、どれも個別の話である。

すでに触れた、平成初期の「平成建築生産事典」の目次に現れるキーワードを思い浮かべてみたが、およそ、三〇年後の今とキーワードは変わらない。

では、この三〇年で何が大きく変わったのだろうか。もちろん阪神・淡路大震災、東日本大震災、構造計算書偽装問題等々、建築界全体のあり方に大きく影響するような出来事はいくつもあり、それらをきっかけに法制度や設計方法等が変わったことはあるが、紙幅の関係もありここでは詳しく触れない。

私見にすぎないが、この三〇年の大きな変化は二つ。建物の数の一方的な増加によるストック重視への大きな転換と、情報関連技術による不可逆的な変化、この二つである。

ストック重視に関して、住宅・土地統計調査（総務省）の数字を例にとれば、平成直前の一九八八年に四二〇〇万戸だった日本の住宅総数は、二〇一八年には六二四〇万戸にまで膨れ上がった。一九八八年の四二〇〇万戸でさえ、総世帯数を四〇〇〇万以上も上回っており、空家数も三九四万戸に達していた。だから、当時の私は「建てない時代」ということをテーマに研究し始めた。ちょうどその頃、ある住宅メーカーの経営者に「六〇〇〇万戸まではいくと思いますよ」と自信あり気に言われたことがあった。その時は「エッ？」と思ったが、三〇年を経てあの経営者の予言はズバリ的中した。しかし、別な言い方をすれば、この三〇年でストックの量は来るところまで来たということでもある。

これに伴い、平成の中でも最後の一〇年間に、リノベーションやそれによるまちづくり、そして関連するビジネスは、全国のあちらこちらではじけた展開を見せた。この動きこそ、新しい時代の面白さに繋がっていくのだと思う。

そしてもう一つが、情報関連技術による不可逆的な変化だ。例えば、プレハブ住宅の分野で平成初期に急速に広がった邸別生産方式[*18]や多品種生産方式。例えば、大工の墨付け・刻み作業の一切がプレカット・ロボットによる加工に置き換わってしまったこと。そして、前日までによく下準備と打ち合わせをして当日現場に臨む必要をある程度なくしてしまった、携帯電話やSNSの普及。加えて、パソコンの計算能力が想像以上に高まったため可能になった自由な建築形状の操作と、それを建築化するエンジニアリングのためのソフト

全自動機械（プレカット・ロボット）が導入された1990年代のプレカット工場（1997年撮影）

ウェア利用。

プレカット・ロボットは大工の減少や高齢化を補ったが、他方でそれを加速させる原因になったかもしれない。そういう両面性を意識して「不可逆的な変化」と言ってみた。この先の展開は、いよいよ「建築という行為と人間との関係」というテーマをよりくっきりと浮かび上がらせてくるに違いない。

技術適用の分かれ目

近年、中国政府が建築生産の工業化、殊に鉄筋コンクリート工事のプレキャスト・コンクリート化を推進しており、来日する中国の技術者を相手に、このテーマに関する日本の動向を中心にお話しする機会が増えている。

土木分野も同じだと思うが、鉄筋コンクリート工事では、その場所で型枠を組み、配筋し、コンクリートを打設する「現場打ち」と、あらかじめ別の場所で鉄筋コンクリート部材を製造して施工場所でそれを組み立てる「プレキャスト」とがある。そして、約一五〇年にわたる世界の建築分野での鉄筋コンクリートの歴史を見ると、その初期から両方の技術が適用されていた。ややもすると、プレキャストの方が後から出てきた技術と思いがちだが、必ずしもそうではない。

そのプレキャスト・コンクリートについてだが、これにもまた二つの異なる種類がある。このことは一九九〇年代初頭のアメリカで教わった。後に野茂英雄さんがオールスター戦で登板することになる、野球場の建設現場においてだった。

次頁の写真で容易に識別できるように、最終的に仕上げが施されて裏に隠れてしまう構造材や下地材の役割を担うプレキャスト・コンクリートと、建物の表面を飾るべく細心の注意で骨材の色調整と表面仕上げを施したプレキャスト・コンクリートの二種類である。現場を案内していたアメリカ人技術者は、前者を「ジョブ・コンクリート」、後者を「アーキテクチュラル・コンクリート」[*19]と呼び、この二つは単価を見ても製造工場を見ても、全くの別物だと説明してくれた。

1993年、アメリカの野球場の建設現場。灰色のジョブ・コンクリートの上に桃色のアーキテクチュラル・コンクリートを取り付けている

中国から来た技術者たちにも、あるいはとっくに知っているかもしれないが、この二種類の別物がある話をすることにしている。二種類の区別が、大事な示唆を与えてくれると思うからである。

この二種類を分けているのは、それが現場でも容易につくれるか否かである。私はそう理解している。見るからに何の変哲もないジョブ・コンクリートは、現場打ちでも容易につくれるだろう。他方で、アーキテクチュラル・コンクリートは、現場打ちでは色の調整も色ムラを出さないようにする管理も難しいだろうし、断面形状も単純でないものがあるため型枠製作にも少々手間がかかるだろう。現場打ちで同じ品質のものをつくるのはかなり困難なはずだ。

実のところ日本の建築では、様々な色の骨材の調合を調整し、表面の処理も叩いたり荒らしたりすることで、コンクリートの素地で勝負する「あらわし仕上げ」はそう多くなく、石やらタイルやらを表面に打ち込むことが多い。だからアーキテクチュラル・コンクリートという用語はあまり使われない。

もちろん、現場打ちではなかなかできないものをプレキャスト・コンクリートで実現しているものはある。高層ビルの外装に用いるカーテンウォールや、現場での管理が難しい高強度コンクリートを用いた超高層建築の柱・梁部材がそれに当たる。

他方で、ジョブ・コンクリートと呼んではいないが、最終的には仕上げの裏に隠れてしまうような単純な床や壁を、プレキャストでつくる場合もある。アメリカ式で言うなら、間違いなく「ジョブ・コンクリート」だ。

前者は現場でつくるのが困難なのだから、一般にある程度高価でもよい。それに対して、後者は現場でもさほどの困難なくつくられるのだから、価格は現場打ちとの見合いになり、そう高い値はつけられない。だから、プレキャスト化、プレハブ化、工業化の技術適用を考える際には、一体どちらのことを考えているのか、自分で明確に意識しておかないと、コストと工程を含めた生産のシステム全体を間違えた方向に導いてしまうことになりかねない。そのことを中国の技術者に伝えるべく、講義の話題にしているわけである。

今の日本では、建設現場の技能者の高齢化と減少が深刻な問題として意識されている。そこで、ロボットやデジタル・ファブリケーション[*20]等の新技術をうまく使えないものかと躍起になる。建設会社や住宅メーカーによる開発例も日に日に増えている。しかし、それらを見ていると、プレキャスト・コンクリートと同じように、現場で容易につくれるものとそうでないもの、二種類の異なるものが混じっていることがよくわかる。

個人的には、いくら技能者不足だからといっても、現場でさほどの困難なくつくられてきたのを置き換える類の技術適用には首を傾《かし》げてしまう。これまでの現場でできなかったことを実現する新技術の適用にこそ期待したいのである。

そうした意味で面白い例を探すとすれば、鉄筋コンクリートではなく木造の世界の話になるが、プレカット・ロボットがある。

もともと大工が手加工で製作（「刻み作業」と呼ばれる）していた複雑な形状の継手《つぎて》仕口《しぐち》を機械加工に置き換えることには、一九七〇年代後半、複数の木工機械メーカーが成功していたが、それらはまだ大工による墨付けと、ハンドルやボタンによる機械操作を必要としていた。ところが、一九九〇年代になると、コンピュータに伏図《ふせず》を入力すれば、必要な柱と横架材のすべての加工情報が自動的に生成され、そのデータがプレカット機械を操作するCAD・CAM型の全自動機械が登場した。本書ではこれをプレカット・ロボットと呼んでいるのだが、こうなると従来の大工による墨付け・刻み作業は全く不要になる。木造の世界にあまり親しんでおられない方はご存じないかもしれないが、今日の木造軸組構法による住宅（いわゆる在来木造住宅）の九割以上はこのプレカット・ロボットを使っている。

プレカット・ロボットが普及したのは、その加工コストが大工の手作業による場合と比べて格段に安くなったこともあるが、他方でその加工精度が極めて高く、並みの腕前の大工ではとてもかなわないということがある。

継手仕口の加工はもともと施工現場ではなく、大工の下小屋等でプレファブリケーションするものだったが、その大工たちがとてもできないコストで、しかも安定して高い質の加工ができるという点は、工業化と情報化に関わる技術としてプレカット・ロボットが優れている点である。そして、この技術によって、町場の小さな工務店による木造住宅が、市場における競争力を保持し続けられていることも特筆すべきことである。

超高層建築の技術

一九〇八年、大蔵省技師として欧米視察中であった武田五一《ごいち》は[*21]、ニューヨークで竣工後間もないシンガー・ビルに上っている。当時世界一だったこのビルの階数は四七階建て、高さは一八七メートルに達していた。武田もさぞ驚いたことだろう。

マンハッタンやシカゴでは、二〇世紀初頭から五〇階建てクラスの超高層建築が実現していた。日本でこれに匹敵するような超高層建築が実現するのは一九六〇年代末、アメリカに半世紀以上遅れてのことだった。地上三六階建て、高さ一四七メートルの霞が関ビルがその第一号といってよいだろう。

霞が関ビルの建設については、面白い映画が残されている。一九六九年の『超高層のあけぼの』[*22]がそれである。池部良、木村功、丹波哲郎、佐野周二、中村伸郎、平幹二朗といった男優陣が豪華だが、佐久間良子、新珠三千代の女優陣も当時の内助の功を美しく演じている。クレーンのオペレーター役で当時若手の田村正和が初々しい演技を見せてくれるのも楽しいが、個人的には、東北から出稼ぎに来た作業員役の「バンジュン」こと伴淳三

映画『超高層のあけぼの』(当時の広告ポスター)

郎が、要所要所で独特の存在感を示し、比較的単調な展開に得も言われぬ人間味を与えているのが嬉しい。

この映画は高度経済成長期の建築生産の様子を知る上で、今となっては貴重なものだが、さらに当時このクラスの超高層建築を建てることが、技術的にいかに大変なことだったかが、手に取るようにわかるところにも価値がある。構造技術者も施工管理者も、部材製造技術者も、そして現場技能者も、それまでにない問題に直面し、それを情熱と信念でブレークスルーして、ようやく竣工に辿《たど》り着いた様子が描かれているのだ。

『超高層のあけぼの』が公開されてから半

世紀を経た今日、超高層建築は世界中で建設されている。まるで日常茶飯事のようだ。そのペースと数を見れば、建築技術が十分でなさそうな国々でも、ほぼ何の苦労もなく建てられているように見える。あの映画に描かれた日本でのブレークスルーの連続からすれば、実に不思議な現象だ。

そこで、二年ほど前から日本での初期の超高層建築の設計や施工に携わったことのあるベテラン建築技術者の方々に、その頃の苦労と、今日の世界中での日常茶飯事的な超高層建築建設についての感想を伺う会を、定期的に開いてきた。

細かな設計や敷地の違いで、その都度技術的に課題になることはあるものの、第一号を経験したら、後は大枠ではそれほど難しいことはない。皆さんの経験談を要約するとそういうことになる。施工管理については、足元回りは別として、基本的には基準階平面を繰り返していくだけなので、これもそんなに難しいことはなく、むしろ一点ものの大規模空間や、変わった形の建築の施工の方がよほど苦労が多いという意見もあった。

確かに、その国の設計者や施工業者がメインで携わっているかどうかは別として、世界中のどこにでも超高層建築が建っている現実からすれば、そういった感想や認識は正しいものなのかもしれない。近代技術というのはそういうものなのだろう。

あっという間に超高層建築が世界中に広がったことについて、構造技術者の方からは、日本だけが特有の比較的高度な設計法を用いているが、海外ではおおむね共通して適用しやすい設計法を用いていることも関係があるのではないかという感想を伺った。これは、地震国日本だから独自にブレークスルーすべきことが多かったということだろう。

日本の独自性には誇るべきことも多いわけだが、先に述べたような近代技術の性格、そして日本の平和的な国際貢献の重要性が増している現状を考え合わせると、建築界にも少なからず存在する「日本だから」という事柄の扱いをじっくり吟味すべき時期に来ているように思う。

日本特有なのでローマ字のまま使われている言葉には「TOFU」とか「TATAMI」のような伝統的な生活文化に関わるものが多いが、例えば「UKEOI」、「KEIRETSU」、「SENPAI」、「KANBAN」等、現代社会の仕組みに関わるものも数多くある。最近では「ZANGYO」や「KAROSHI」のような悲しく恥ずかしいものも少なくない。「日本だから」の見直しを、この辺りから始めてみてはいかがだろうか。

私も日本でどっぷり生きて還暦。そろそろ「日本だから」の適否の吟味をテーマにしようかと思っている。

技術開発の日本らしさ

さて、武田五一が二〇世紀初頭に当時世界一の高さのシンガー・ビルに上ってから、日本で霞が関ビルが竣工するまでに、六〇年もの歳月を要した。それでもまだ高さでは追い付いていなかったのだが、長年の「アメリカに追い付け」という建築界の思いが、かなりの程度実った瞬間だったろう。

鋼構造の軀体にせよ、軽量型鋼製の間仕切りや天井の下地にせよ、アルミ製あるいはステンレス製のカーテンウォールにせよ、デッキプレートにせよ、各種の設備機器にせよ、工程管理のPERT[*23]にせよ、詳細に見れば異なるところはあるものの、およそ霞が関ビル建設に用いられた技術のオリジナルは、二〇世紀最強の工業先進国であり超高層建築大国だったアメリカにあった。ただ、霞が関ビルが象徴する「アメリカに追い付け」精神は、単なる技術導入や何の工夫もない真似を許さず、あくまで独自性を持った国産の技術やデザインを目指したのである。第二次世界大戦後の国際社会の中で、工業国として生きることを明確に決めた日本を象徴する事柄といってもよい。

もう一〇年以上前になるが、日建設計の設立五〇年の折に、記念本[*24]を編纂しておられた同社の林昌二さん（故人）と、私の恩師である東京大学の内田祥哉《よしちか》名誉教授（故人）のお二人から、昭和二〇（一九四五）～三〇年代の日建設計の作品を技術面から論じるパートを任せたいとの身に余る依頼を受けたことがある。その時代の作品群の関係資料を渡され、そこに現れる技術のオリジナリティを中心に調べ始めたのだが、これが思いのほか難しい作業だった。そこでわかったのだが、日建設計に限らず、昭和二〇～三〇年代の日本の建築技術の多くは、アメリカにオリジナルがあったのである。

当時の建築投資額の違いや土台となる工業力の違い等を冷静に見れば、多くの建築技術の開発と適用においてアメリカが先行したのは当然のことと見なし得ただろうが、当時の私は意表を衝かれ、このパートをどう書いたものか途方に暮れてしまった。そこで、中間報告の際に、林さんと内田先生にこの悩みを打ち明けてみた。すると、お二人は顔を見合わせて笑われ、

「松村君、それは当たり前だよ。あの当時は、アメリカの建築雑誌を見て、「今度こういう規模の仕事が来たら、ぜひこの材料を使ってみよう」とか、「機会があれば、このディテールを試してみたい」とか、そういう夢を持ちながら設計していたのだから。ある意味でアメリカの技術の真似になるのは自然なことだったのだよ」

といわれた。

同様の経験はほかにもあった。内田先生の東京大学退官を機に、日本オリジナルの現代建築技術の開発と普及という事績を顕彰する「内田賞」[*25]が創設された。審査委員は、内田委員長、霞が関ビルの設計にも深く関わられた元日本設計会長の池田武邦さん、元清水建設技術研究所長の太田利彦さん（故人）、元建設省住宅局長だった澤田光英さん（故人）、第一工房代表の高橋靗一《ていいち》さん（故人）、そして林昌二さんの六名で、私を含む内田研究室のOB数名は、事務局として授賞対象候補の下調べを担当した。下調べの主な内容は、審査委員会で話題になった建築技術の開発経緯の解明とともに、それが日本オリジナルの技術かどうかを確かめることだった。この時も苦労させられたのは、日本オリジナルだと思えた建築技術の多くが実は先にアメリカにあったことであり、日本オリジナルの現代建築技術が少ないことだった。

内田賞は第八回まで続いたが、目透かし張天井板構法（第一回）、木造住宅用引き違いアルミサッシ（第四回）、洗い場付き浴室ユニット（第五回）、プレカット加工機械（第七回）、敷き詰め畳（第八回）と、過半数は日本独自の生活習慣や木造構法に関わるもので、他国にオリジナルがあってもおかしくない、国際的にみて一般的と思われるものは、プラスティックコーン式型枠緊結金物（第二回）、磁器・炻器質タイル張り外装（第六回）、そして霞が関ビルで最初に適用された床上汚水配管システム（第三回）の三事績にすぎなかった。

昭和四〇（一九六五）年代前半にできた霞が関ビルは、そうした時代の日本の建築技術のあり方の総まとめのような存在だった。アメリカのオリジナルにはない工夫や改善を加えた上で国産化するというスピリットも、霞が関ビルの多くの構成要素が体現している。今となっては、世界の至るところで超高層建築が建設されるようになったが、その技術の開発拠点、生産拠点ともにその国にない、いわば輸入技術によるところが大きいようである。設計者や施工者が外国企業だというケースもごく一般的だ。そこが霞が関ビルの象徴する「アメリカに追い付け」精神とは異なる。ただ、霞が関ビルが象徴する建築技術に対する日本の姿勢が、これからの国際建築市場において日本の建築業独自の強みに繋がるのか、あるいは逆に「ガラパゴス化」のような閉塞した状況を生ずるのか、この点に関する結論は未来に持ち越されている。

いま一つ、霞が関ビルが象徴している時代の特性に、公から民へという建築界を主導する発注主体の変化がある。

霞が関ビルはその時代の日本の建築と技術を代表する存在だが、それが民間企業による事業であり、公的な主体があまり関わっていなかった点に、時代の変化が象徴されている。かつて、名実ともに日本建築界の中心にいた辰野金吾[*26]が、東京駅と日本銀行と国会議事堂の三種を設計する望みを持っていたと聞いたことがある。実際にこのうち東京駅と日本銀行の設計は手掛けたわけだが、これらは「公共建築こそが……」という捉え方を明白に示す建築種である。また、シンガー・ビルを訪れた時の武田五一が大蔵省の技師だったように、政府や地方自治体等の公共発注体の内部には優秀な建築技術者が多くいたし、戦前から戦後しばらくの間、逓信省営繕課が日本の建築設計界を先導する立場にあったり、昭和三〇（一九五五）年代の日本住宅公団が集合住宅の設計や技術開発を牽引する任にあったように、日本における新たな建築技術は、長らく公共発注体によって生み出され、育てられてきた。公共発注体内部の建築技術者が設計や施工に直接関与しない場合でも、例えば、前川國男[*27]や丹下健三[*28]の代表作の多くがそうであるように、現代日本建築を代表するものの大半は公共建築だった。

ところが、霞が関ビルは民間の発注主体と、民間の設計事務所、民間の建設会社による、いわば純民間建築だった。その純民間事業の中で、多くの日本初の建築技術が開発され、その後の超高層建築の建設を支える技術基盤を形作ったのである。それ以前であれば、公共発注体こそが、そして公共事業という機会こそが担っていた役割であるし、同じ時代にあっても、例えば日本住宅公団等は明らかにそういう役割を担っていた。それが変わり始めたのだ。そのことを象徴するのが霞が関ビル建設という事業だった。

霞が関ビル竣工後の一九七〇年代初めには、公共事業の中で民間企業の技術開発力等を効果的に用いることができるように、性能発注方式[*29]が新たに導入された。また、住宅部品の世界では、一九六〇年代に公共発注体が細かな仕様まで決めて認定していた産業育成的な制度（KJ部品[*30]）が、一九七〇年代半ばまでの間に、部品メーカー各社の独自の仕様を前提に、最低限の要求性能だけを共通に設定する認定の制度（BL制度[*31]）に変わった。これらは、建築技術開発主体の公から民への移行そのものの例といってよい。

超高層ビルの世界では、霞が関ビルの前に、東京駅の建て替え計画という幻の公共事業計画があったようだが、実際には、霞が関ビルに続いたものは、しばらくの間、純民間事業ばかりだった。超高層の公共建築が現れたのは、ずっと後の一九九〇年代になってからの東京都庁舎で、この時に公共発注体が技術開発等に直接的な役割を果たした事実はない。

霞が関ビルの先導性

プレファブリケーションやマスプロダクションをはじめとする、工業的に進んだ技術の建築生産への適用が促進される状態を「建築生産の工業化」というが、これは第二次世界大戦後の先進国に共通する一大テーマとなった。霞が関ビルは、日本におけるこのテーマへの取り組みを象徴するものだったといえる。

建築生産の工業化は、旧態依然とした建築関連産業を近代化し、労働集約的な生産のあり方を改善することで品質と生産性を高めることを目標とするものだったが、日本では、鳩山一郎内閣が「もはや戦後ではない」と唱えた昭和三〇（一九五五）年あたりからその目標が切実なものになり、本格的な取り組みが始まった。その典型のひとつに、建築分野への鉄鋼業の進出を挙げることができる。

戦前、鉄は主に軍需と機械向けの材料として生産されていた。「鉄は国家なり」といわれる所以《ゆえん》である。一九四一年の出荷先を見ると、軍需と機械向けがそれぞれ四割弱、建設向けはわずか三％にすぎない。戦時中にはさらに軍需が増し、一九四三年に日本の粗鋼生産量は明治以来のピークに達した。戦後しばらくは連合国の占領政策もあって低迷していたが、一九五〇年に勃発した朝鮮動乱による特需をきっかけに再び生産量が伸び始め、一九五三年には戦前の水準にまで回復した。しかし、朝鮮戦争が休戦となり、日本の鉄鋼業はその生産能力に見合う新たな市場を見出す必要に迫られた。その中で、有望な市場として注目されたものの一つが、大きな成長の見込まれた建築市場だった。[*32]

建築市場への展開に相応《ふさわ》しい材料として一九五〇年代半ばから一九六〇年代後半にかけて開発されたものの代表格が、二次部材や低層建築の構造軀体としての利用が可能な軽量型鋼と、高層建築の構造軀体向けのH型鋼だった。そして、それらが建築で用いられるようになると、おのずと当時の製造業の本家ともいえる大手鉄鋼メーカーが建築生産組織の中に加わることになる。建築生産の工業化にとっては極めて有効な事柄である。そして、霞が関ビルは、国産化が始まって間もないH型鋼や軽量型鋼、さらには曲げ鋼板であるデッキプレート等の鉄鋼製品を、可能な限り多くの部分に用いることで、比肩するもののない建物の高さと容量を実現できたのである。

建築生産の工業化という観点からもう一つ象徴的なのが、カーテンウォールの全面的な採用である。今でこそ超高層建築の外壁はことごとくカーテンウォールになっているが、あらかじめ工場でパネルやマリオン等の大型部品として製作されたものを、現場で組み立てるだけというカーテンウォール構法は、ロックフェラー・センターやエンパイア・ステート・ビルといった第二次世界大戦前の超高層建築では、本家アメリカにおいても使われていなかった。アルミ製マリオンのカーテンウォールがはじめて用いられたのは、一九五〇年代初頭建設の国連ビルであるし、ステンレスを用いた超高層建築ということになると、ほぼ同じ時期にマンハッタンに建設されたレバー・ハウスが最初である。日本では、それらとほぼ同じ時期（一九五二年）に、前川國男の設計で建てられた旧日本相互銀行本店（東京の呉服橋にあったが取り壊されて現存しない）が、多層建築の外壁に本格的なカーテンウォールを適用した最初期の例として知られているが、もちろん超高層建築ではない。

三一メートルの高さ制限の撤廃を受けて霞が関ビルの数年前に建設されたホテルニューオータニでは、アルミ製の本格的なカーテンウォールが採用された。そして、霞が関ビルがこれに続いた。高さ一〇〇メートルを超える超高層建築での適用としては当然日本初だったし、結果としてその後の日本の超高層建築に範を示すこととなった。

ほかにもパネル化された内装部品の採用や、ライン式天井による設備工事の合理化等々、後の建築生産の工業化の構成要素の多くが霞が関ビルでは使われた。プレキャスト・コンクリート化技術や設備を含んだ、より大型の部品化等を除けば、今日まで続く超高層建築の工業化構法の基本形は、霞が関ビルに見ることができる。

最後に、ストック活用という今日的な課題に関わる霞が関ビルの先導性に触れておく。

一九九八年に、超高層建築の解体方法を学ぼうとニューヨークでの調査を計画したことがある。マンハッタンのセントラルパークより南では、過去一〇〇年にわたって超高層建築が建設され続けてきたのだから、結構な数の超高層建築を解体しているものと確信しての計画だった。しかし、事前にいろいろと下調べしてみたものの、解体例がなかなか見つからなかった。私たちの確信はただの思い込みにすぎなかったのだ。当時私たちが見つけたセントラルパークよりも南での超高層建築の解体例はたった一つ。しかも一九七〇年代に例外的な理由で解体されたものだった。それは、武田五一が訪れたあのシンガー・ビルであった。

私たちは急遽調査における基本的な問いを変更することにした。「いったい全体これほどに超高層建築を解体していないのは何故なのか?」という問いにである。そこで、建設後相応の年数を経過した複数の超高層建築のプロパティマネジャーや、関連する自治体の専門家、地元の設計者や検査会社等に対する聞き取り調査を重ねた。

わかったのは、多くの関係者には超高層建築を解体して建て替えるという発想がそもそもないということ、さらに、賃貸市場での競争性を高めるために、それぞれのビルが大規模なリノベーションや大胆なコンバージョン等の再生事業をすでに行っていたということだ。リノベーションやコンバージョンには、建て替えに匹敵する資金と時間を投入した例も珍しくなかった。

日本では、すでに超高層建築を建て替えた例も複数存在するが、これからの人口減少等の可能性をも考え合わせると、ニューヨークの多くの先例が示すように、長く継続的に再生行為を積み重ねながら使い続けていく方法こそが重要性を増すことになるだろう。霞が関ビルは最近の大規模なものも含めて、すでに三回ものリノベーション工事を経験しているが、これからもこの分野のパイオニアとして様々な再生行為に挑んでいくに違いない。霞が関ビルは、新築時にそうであったように、今後はストック活用の分野で新たな日本の建築史をつくっていくことになる。

工務店とは何者だったのか

昭和三九（一九六四）年春。神戸の家から和歌山の分譲住宅地に引っ越した。父の職場が和歌山にあり、かねて神戸からの通勤に辟易《へきえき》していたところ、和歌山の建て売り住宅が抽選で当たったのだと聞いた。その住宅は初期のプレハブ住宅だった。祖父が戦前に建てた神戸の家との比較でいえば、木製の引き戸と雨戸はピカピカのアルミのサッシと雨戸に、左官仕上げの内壁はつるんとしたプリント合板に、台所の縁甲板《えんこういた》はピータイルに変わったのを、子供ながらに覚えている。

引っ越して間もない時期だったと思う。二〇代前半と思しき一人の若い大工が訪ねてきた。「庭先の納屋でも何でもやらせて下さい」。飛び込み営業である。聞けば、このプレハブ住宅の内装工事全般が、見習いとして親方と一緒に手掛けた自分の初仕事だったのだという。最近その親方から独立したらしく、一丁前に「T建設」を名乗っていた。「お隣さんの納屋をやらせてもらうことになったので、お宅もどうですか」などと口は上手だった。トタン仕上げの小さな納屋程度ならということで、両親は試しに頼んでみることにした。

このTさんは明るく元気だし、納屋の仕上がりもまずまずだったので、三年後の昭和四二年頃だったろうか、今度は庭に八畳ほどの勉強部屋を建ててもらうことにした。納屋と同じく木造だったが、「自分はちょうど注文住宅の仕事が入ってしまったので、施工は弟子にやらせます。もちろん至らぬ点があったら、いつでも辞めさせますので遠慮なく仰って下さい」と言うので、「もう弟子をとっているのね。なかなかのやり手だわ」と母が目を丸くしていたのを思い出す。

Tさんはそれからもちょくちょく挨拶に来ていたが、年々羽振りがよくなっているようだった。そして、引っ越してから二〇年近くを経た昭和五〇（一九七五）年代末、父は退職を機に、生まれ育った地に近い芦屋に戻ることにした。ちょうど挨拶に寄ってくれたTさんにこの話をしたところ、即座に「それならこのお宅、自分の初仕事の建物でもあるし、ぜひ買い取らせて下さい」と言う。「うちに初めて来た頃は見習いに毛の生えたようなものだったけど、Tさんも今や大社長だわ。アパートも経営しているらしいしね」。当時母が漏らした感想である。

その後私自身は、全国数十社の工務店経営者に話を伺う機会に恵まれたし、一〇〇〇社以上から回答を得るような工務店アンケート調査を行ったこともある。[*33] いまだ十分とはいえないまでも、そのいささかの経験に基づくならば、Tさんの約二〇年間の歩みは、高度経済成長期に住宅市場に新規参入した多くの大工、そして工務店経営者の歩みの典型であり、工務店を巡る状況の理解に繋がる様々な事象が含まれている。

第一に、Tさんが一〇代で弟子入りした大工の親方が、プレハブ住宅の内装工事全体を請け負っていたということ。

日本建築学会編集の『建築学用語辞典第二版』[*34]で「工務店」は、「一般的には主として個人需要の住宅建築を請け負う比較的小規模な建設業者のこと」とされている。この定義は最も一般の理解に近い線で、一律の定義がしにくい対象であるため明言を避けてはいるものの、個人から直接注文を受ける元請業者を指している。しかし、Tさんの親方のように、建て主や住み手と契約を結ぶのは住宅メーカーや分譲住宅業者で、自分自身は建て主や住み手と直接関係を持たず、下請業者として大工仕事と施工管理業務の一部を担うという類の工務店が数多《あまた》存在する。戸建て住宅の市場では、表面上は在来木造のシェアがああだとか、プレハブ住宅のシェアがこうだとか、大規模建売業者のシェアがどうだとかの競合関係ばかりに目が行きがちだが、工務店が関わっているかどうかという観点に立てば、ほぼすべてに工務店が関わっていて、戸建て住宅に関する限り、その建設全体の屋台骨を彼らこそが支えている。建築学用語の「工務店」の定義には、この極めて重要で基本的な認識を書き加えるべきだと思う。

第二に、Tさんが大工の見習いからT建設の社長になったということ。ここまでの記述では混乱を避けるために、Tさんが弟子入りした親方を工務店に含めたが、実際のところこの親方が工務店経営者だったか、それともそういう法人形態をとらない職人としての大工だったかは不明である。しかし、Tさんのキャリアは明快で、これこそ高度経済成長期に雨後の筍《たけのこ》のごとく設立された工務店の成り立ちを代表している。つまり、大工という職人あるいはその卵として住宅市場に参入し、数年の修業期間を経た後に独立、そして、請負業としての工務店の設立に至るというものだ。

大工は職人、工務店は請負業。原理的にこの二つは異なる。Tさんの独立よりも少し前、昭和二二（一九四七）年秋の状況についての記述として、この異なる二つについての大工自身の気持ちが表れた文章を、文学好きで何冊もの著作を残した大工、稲葉真吾さんが残している。[*35]

「バラックの請負工事をやって金を儲けるよりは、手間取りでもそういう仕事（中級以上の住宅のこと）を手掛けている方が、からだも楽だし気持ちも豊かでいられた。…（中略）…宣伝しないのはバカか、間抜けといわんばかりに、町のあちこちに大きな看板があがった。建築・設計・施工、××工務店といったような…」

しかし、注文住宅が戦前のように限られた層のものだった時代と、高度経済成長期以降のように幅広い層、特に分厚い中間層が施主になる時代とでは、事情が違ってくる。戦前は施主自身による直営がしばしば見られたようだが[*36]、高度経済成長期は、施主にとっても手間のかからない一括請負が一般化し、当時普及し始めた住宅金融も元請業者による一括請負を前提とするようになった。したがって、Tさんのように「大工としての独立＝工務店の起業」という図式が当たり前になっていった。私自身これまでに多くの工務店経営者と会ってきたが、高度経済成長期に設立した工務店の社長はほぼ元大工、あるいは現役の大工であった。原理的に違うものだが、工務店と大工との距離はとても近かったのである。

ところが、今日の状況は違う。Tさんもご健在ならば、現在七〇代後半か八〇代前半だろう。後継者はいるのだろうか。私の知る限り、工務店は社長の息子か娘、またはその配偶者が継ぐことが多いが、その後継者が大工であることは少なくなりつつある。典型的なのは、後継者が大学の建築学科の卒業生だというケース。こうした後継の現状を見ていると、工務店と大工が原理的に異なるものであることがよくわかる。工務店の経営者が大工である必然性はない。

第三に、当たり前すぎて書かなかったが、T建設は設計施工一貫での仕事を基本にしていた。建築設計だけを業とする方々が「工務店」という場合、施工だけを行う請負業者のことを指していることがよくあるようだが、元請工務店のほとんどは、Tさんと同じく設計施工一貫で仕事をしている。先の『建築学用語辞典第二版』の定義もこの点は明記していないが、「住宅建築を請け負う」という表現でそのことを暗示しているようである。

現代の工務店の後継者に大学等で建築学を修めた方々が多くいることを考える時、この元請工務店の一般的な仕事の担い方にはとても希望が持てると私は考えている。設計だけを行う者や施工だけを行う者についてどうこういおうという意図は毛頭ない。ただ、建築に関わるコストの多重的な性格を操作する可能性を高める上でも、施工性等を踏まえた建材選択や各種性能実現を円滑に進める上でも、設計施工一貫の元請工務店という業態の存在には特長があり、建築を通じて自己実現したり、社会貢献したりする場として、若い方々の選択肢になり得ることに十分な価値と希望があると考えるのである。

かつて私は大工が年間に二万人のペースで減少しているのに対して、大学の建築関連学科を毎年一・四万人もの人が卒業している対照に驚愕し、大学の建築関連学科の卒業生の中から大工になろうという人が少なからず出てくるべき時代になっていると考えたことがあった。一〇代の大工が全国でわずか三〇〇〇人足らずになってしまった今日（二〇一五年国勢調査）も、この考えに変わりはないし、むしろその思いは強くなっているが、それとは別に、あるいはそれと関連付けて、今世紀に入ってからは、大学の建築学科の卒業生の進路として工務店がもっと意識されるとよいと考えてきた。

野丁場《のちょうば》仕事のゼネコンだと、設計施工一貫とはいっても、設計部門と施工部門が画然と分かれていて、企業としての業態は設計施工だが、そこで働く個人が設計と施工の双方に関わるということは一般的ではない。これに対して、工務店の設計施工一貫は、その対象が小規模な町場の工事ということもあり、そこで働く個人が設計と施工の双方に半ば不可分な状態で関わる可能性が十分にある。このことは工務店独自の面白さとして注目されてよいと思う。

最後になるが、新たな時代に向けて確認しておきたい事実がある。工務店と大工の距離は離れてきたものの、「個人需要の住宅建築を請け負う」元請工務店の場合、かつて個人需要の住宅建築の大半が木造であり、また経営者に大工出身者が多かったことから、その技術基盤は木造建築にあったし、その特性は今も大きく変わってはいない。

前世紀には、各地の工務店が設計施工する木造住宅の市場占有率は減少傾向にあった。国土交通省の発表する新設住宅着工戸数の内訳では、構造種と在来構法か否かの別はわかるが、元請業者の企業規模まではわからない。だから、本章で扱っている元請工務店の市場占有率について断言できるわけではないが、少なくとも在来構法による木造戸建て住宅の市場占有率は、この一〇年ほどの間、それ以前より五〜一〇%程度高い値を示している。多くの工務店が技術基盤を有する在来木造住宅は明らかに盛り返している。ここでその原因を分析する紙数はないが、各地の工務店がプレカット構法等のオープンな技術資源を効果的に適用しながら、コスト、デザイン、性能等の面で市場競争に堪え得る住宅を、それぞれに工夫して造っている姿が眼に浮かぶ。ここには耕すべき希望がある。

でも日本は木造の国なのか

私の最初の海外旅行の到着地はパリ。卒業旅行だった。その初日に訪れたのがノートルダム大聖堂[*37]である。中世にこれだけ巨大な建築が建てられていたこと、そして日本で見ることのできない石工の技の数々に心動かされた。

そのノートルダム大聖堂で二〇一九年四月、大きな火事が起こってしまった。この節はそののちに書いている。

日本が「木の文化」の国といわれるのに対して、ヨーロッパは「石の文化」の地などといわれる。ノートルダム大聖堂は外から見ても中に入っても石ばかりが目に付くから、まさかあんなに燃えるほど木が使われているとは思いもしなかった人が多いだろう。しかし、壁や柱が石を積み上げてできていても、軽さが求められる屋根の構造には、多くの場合木が用いられている。しかも、TVやインターネットの報道で流される火災前の大聖堂の小屋裏を見ると、想像以上に大径の木材が多く使われていた。「石の文化」などといっているが、ヨーロッパ各地には「木の文化」も深く根付いていたのである。

悲しい出来事であったが、火災の報道を通して、私は改めてこのことを強く認識した。

日本の建築界では、その伝統がないこともあって、石造はほぼ使われていない。構造材料は木か鉄（S）か鉄筋コンクリート（RC）のいずれかである。鉄と鉄筋コンクリートを合わせたSRCというものもあるにはあるが、新築分野でのシェアは小さい。

新築分野の延床《のべゆか》面積で比べると、一九八〇年代辺りから、S造と木造がトップを争い、RC造がそれに続くという状況だが、いつも過半に達するものはない。

建築の学界では構造系が一大勢力を成すが、その中は長らく三種の材料別に画然と分かれてきた。そして、「木の文化」の国などといわれるが、木造の研究者の数は圧倒的に少ない。耐震性、耐火性に乏しかった木造は、戦前から日本の建築学者たちにとって乗り越えるべき日常だったのだ。しかし時代は変わった。

地震の際の木造建築の構造性状についても多くが解明されてきたし、耐火性を強化する方法も開発されてきた。「石の文化」などといわれてきたヨーロッパからも、CLT（Cross Laminated Timber）をはじめとする新しい木造建築技術が次々に入ってきている。さらに、今の日本は、国土保全に貢献する持続可能な林業経営を目的とするのに伴い、年々太くなる杉[*38]等の森林資源を大いに使う必要に迫られている。

学界ではなく建築業界では、RC造しかできません、S造しか扱えませんとは言っていられない時代である。新しい木造技術も使えなければならない。そうなってくると、ヨーロッパに以前から存在した適材適所のハイブリッド構造[*39]も、新たな開拓分野として注目されるところとなる。

学界では学問の継承性も重要とされるが、そろそろ構造材料別という慣習から自由になるべき時期ではないかと思う。

さて、再度ノートルダム大聖堂の火災についてである。私が驚いたのはあの燃え方だけではない。その直後から、これまで聞いたことのないような額の寄付の申し出が、世界中で相次いだことにも大いに驚かされた。犠牲者が多数出るような災害ではなく、大きな火災ではあったが、建物が部分的に壊れただけである。しかしながら、日本での各種メディ

2013年のパリ・ノートルダム大聖堂。1163年に建設を開始してから850年ということで、仮設の客席がつくられ、お祝いムードだった

アの扱いも大きなものだったし、フランスの企業はもちろん、アメリカの企業等からの寄付の申し出も迅速で額も大きかった。ノートルダム大聖堂という建築への愛情の深さ、広がりが凄いのである。

世界遺産だという側面もあるだろう。信仰との関係もあるだろう。八五〇年にも及ぶ歳月の中で、様々な歴史的イベントがこの建築で重ねられてきたその特異さや象徴性も関係しているだろうし、パリという世界都市のまさにへそに位置しているという立地も関係しているのだろう。そこに卒業旅行時の私が心動かされた建築としての魅力も重なってくる。

そう、理由はいくつでも思い浮かぶ。

しかし、だとしても、世界中からここまで広く深く愛されているという事実が、誰にでもわかる形であらわれた建築がかつてあっただろうか。

木造であれ、S造であれ、RC造であれ、ハイブリッドであれ、これほどに人々から愛される建築が存在し得るということをわかっただけでも、私たちには大きな経験だったのだと思う。

『陰翳礼讃』

「美というものは常に生活の実際から発達するもので、暗い部屋に住むことを余儀なくされたわれわれの先祖は、いつしか陰翳のうちに美を発見し、やがては美の目的に添うように陰翳を利用するに至った。事実、日本座敷の美は全く陰翳の濃淡に依って生れているので、それ以外に何もない」

近代日本の文豪、谷崎潤一郎の随筆『陰翳礼讃』（昭和八～九〈一九三三～一九三四〉年）の一節である。

なぜ、建設業の方やそれを目指す若者を主な読者と想定する本書で、谷崎の『陰翳礼讃』なのか。土木界の評価はわからないが、建築界では「数多ある書物の中でもとりわけ

『陰翳礼讃』には刺激を受けた」とする者が珍しくないし、学生の課題書籍にしている大学もあると聞く。

明治維新以降、日本古来のものとは大きく異なる西洋建築の意匠と技術が導入され、長らく「日本らしさ」をどう考え、どう扱うかは建築界の大きなテーマだったし、その議論はしばしば再燃してきた。そもそも「建築」という言葉自体、西洋の“Architecture”の訳語[*40]として考えられたものである。そんな中、日本独自の美を具体的に論じた谷崎の随筆は、それが日本を代表する作家のものであったことも手伝って、多くの建築人に読まれ、心の支えにもなってきたのである。

この随筆を書くにあたっての谷崎の心持ちは、はっきりしている。

「西洋の方は順当な方向を辿って今日に到達したのであり、我らの方は、優秀な文明に逢着してそれを取り入れざるを得なかった代りに、過去数千年来発展して来《きた》った進路とは違った方向へ歩み出すようになった、そこからいろいろな故障や不便が起っていると思われる」

谷崎自身、そういうこと、つまり西洋文明と出会う前に戻ってやり直すなどということを考えるのは「小説家の空想」だとしながらも、「とにかく我らが西洋人に比べてどのくらい損をしているかということは、考えてみても差し支えあるまい」と言って、自身の感じる日本美の例を次々に取り上げていく。

まず厠《かわや》、便所である。曰く、

「私は、京都や奈良の寺院へ行って、昔風の、うすぐらい、そうしてしかも掃除の行き届いた厠へ案内されるごとに、つくづく日本建築の有難みを感じる」

そして、和紙、漆器、羊羹、深い庇《ひさし》を持つ屋根、日本座敷、暗がりの中にある金襖や金屏風、日本人の皮膚と能衣装の取り合わせ、日本女性と着物の取り合わせ等々と話題は移る。そして最後に、自分は文学において日本美の再構築をやってみようかと半ば宣言する。

「私は、われわれが既に失いつつある陰翳の世界を、せめて文学の領域へでも呼び返してみたい。文学という殿堂の檐《のき》を深くし、壁を暗くし、見え過ぎるものを闇に押し込め、無用の室内装飾を剝ぎ取ってみたい」と。

そして、読者にも語りかけるような一文で結ぶ。

「まあどういう工合になるか、試しに電燈を消してみることだ」

さすがは谷崎潤一郎、この結語は見事だ。明治維新以来懸命に吸収し我がものにしようとしてきた西洋文明をいったん忘れるという、人と社会双方の深いところに潜っていくような重々しい課題を、実にあっさりと、誰でも取り組めることとして提示している。

丹下健三も、槇文彦も、磯崎新も、安藤忠雄も、伊東豊雄も、国際的に知られる存在になった日本の建築家たちは、誰も谷崎の示した課題と無縁ではなかった。皆、試しに電燈を消してみたに違いない。

しかし、谷崎がそう綴ってから八八年を経た時点に立ってみると、西洋文明との比較における日本らしさなどという捉え方自体が、すでにリアリティを失っている。谷崎が好きだった厠は体験することができない。薄暗い中、漆器で食事をする機会もなかなかない。深い庇が陰翳をつくる屋根を見つけることもたやすいことではない。日本座敷は新築の世界では例外的な存在となり、日本女性と着物の取り合わせは冠婚葬祭ですら見られるか見られないか微妙な時代だ。

現代を生きる私たちには、「試しに消してみるべき電燈があるのか」を、谷崎の電燈とは別に考えなければならない。それは、単に日本らしくないものということではない。また、現在当たり前と思っていることを見直すということでもない。何か私たちがこの数十年の間に捨ててしまったものがあり、その代わりに得ているものがあるという「小説家の空想」を働かせることが必要だし、それは磨かれた美意識に基づく、才を要する至難の業だろう。

Ⅲ　明日の建築人像を描く

建築を含む建設という分野では、長らく多くの人が働いてきた。以前と比べればかなり減ったとはいえ、総務省統計局の「労働力調査結果」によれば、二〇一八年の建設業での就業者数は全産業の七・五％にあたる五〇三万人である。耕すべき希望とは、生活者のそれであると同時に、この産業で働く多くの人にとっての希望でもある。それを耕すには、楽しくやりがいに満ちた、明日の建築人像が豊かに描き出されなければならない。本章では、そうした明日の建築人像の素描のいくつかを紹介しておきたい。

まず、技術の編集者としての建築人。ここでは、建築技術の核心部分が建築の設計者や施工者の手を離れて外部化しつつある現状、そしてさらに外部化が進行する近未来を念頭に、マネジメント以上に編集という行為が重要になること、そして技術の編集者というあり方が目指すべき建築人像の一つに位置付けられることを述べる。

次に、建築人として若い世代の刺激を受けることの大切さ。建築という分野の幅の広さを踏まえ、自分とは異なる様々な分野の若い世代の人たちと何かに一緒に取り組み、そこから新たな刺激を受けることの重要性と豊かさについて考える。

建築人の中の大事な位置に、職人がある。「二〇代の職人」では、建築関係技能者の人数や年齢構成の驚くべき現状を踏まえ、この傾向が改善されないとすると、現場技能者のあり方に関して、これまでとは根本的に違う体制への移行が必要だという認識を示した上で、その一つの方向性を提示する。「けんせつ小町」では、近年の「DIY女子」の流行に注目するとともに、建設業界における女性の活躍の現状を踏まえ、新しい形の女性活躍の場のつくり方について考える。続く「還暦越え」では、今や人口の三分の一を占める還暦越えの人々にとって、面白い趣味等と対等に競争できるような社会活動のあり方を生み出し示すことが、建築界を若者にとっても魅力的な場にすることにつながるという考えを示す。

また、建築人に含まれるか否かはともかく、まちのコンテンツを支える「まちの後継者」についても考えておく必要がある。そこで、これからの建築界が重大な関心を払うべき建物やまちでの人々の営み、即ちコンテンツに関する人材問題について考える。結論部分では、典型的な問題としての後継者不在によるまちのコンテンツの断絶をどう乗り越えるか、その方法を論ずる。

最後の「工作人という存在」では、建築人としての筆者にとってのアイドル、ジャン・プルーヴェを取り上げる。鍛冶《かじ》職人から始まるプルーヴェ独特の経歴が、一九世紀的なクラフトマンシップと二〇世紀的な工業技術の融合という固有の価値を生み出した。建築の創造プロセスの分業化や細分化が一層進んでいるように思える今日、この「工作人」、ホモ・ファーベルと呼ぶべき人物の示した理想を見つめ直すことは十分な意味を持つ。

技術の編集

一九九八年のことである。仲間の方々とある任意団体を立ち上げた。「建築技術支援協会」(略称：サーッ)という。翌一九九九年に、当時制度ができて間もない「特定非営利活動法人」(いわゆるNPO法人)の認可を受け、これまで一〇〇名ほどで活動を続けてきた。

この団体は、高度経済成長期からバブル経済期にかけての日本の建築を支えた技術者たちが、当時次々と定年を迎えるという事態を受け、現在のように様々な建築技術がマニュアル化される以前に自ら試行錯誤を繰り返す中で日本の建築技術を磨いてきた彼らの知識と経験を、次の世代に継承するとともに、市民社会と建築技術者の世界を繋げる存在にしていこうという趣旨で設立された。主要なメンバーは一九九八年に六〇歳前後だった建築技術者たちである。意匠、構造、設備、施工管理、研究、行政の別や、野丁場《のちょうば》、新丁場《しんちょうば》、町場《まちば》の別を問わず、この趣旨に賛同した個人が集った。最初の声がけを担当したことから、

サーツ設立20周年記念大会における内田祥哉先生の記念講演（2018年11月）

東京工業大学名誉教授の和田章先生と私が今日まで代表理事を務めている。

もともとは次世代への技術継承を目論んでおり、初めのうちはその方向での活動がいろいろと進んだのだが、建築技術の変化は思いのほか速く、約二〇年経った今では、彼らベテラン技術者の知識や経験の多くは歴史的なものになりつつある。

例えば、以前は、大手ゼネコンで長年施工管理を担当したメンバーが、中堅ゼネコンの技術者たちに、高い品質の確保できる納まりや施工法を、その理由とともに指導する機会も少なくなかったのだが、今ではすっかりご無沙汰になっている。曰く、

「屋根の防水一つとっても、アスファルト防水の上に押さえコンクリートを打って、適度な間隔で目地《めじ》を入れるなんていう私たちの時代のものとは、材料

も全然変わっちゃっているし、「なんで目地なんか入れるんですか？」っていうような技術になっちゃってるんですよ。私たちの知識は直接には活かしようがないんですね、今の時代」

「でも、技術の背景にある原理は伝えられるんじゃないですか？」

と問うと、

「もちろん原理は大事だけど、個々の技術については、もうゼネコンの手を離れてサブコンやメーカーがしっかりしていて、ゼネコンの現場担当者は原理なんか知らなくても、技術が完全にマニュアル化されているんですよ。自分たちの頃はサブコンも一代目だったりして、こちらが教え導くという感じだったけど、今やサブコンも三代目だったりして、彼ら自身の中に相当な技術蓄積があるんですよ。もうゼネコンが教え導くような時代じゃないんですね」

とのこと。

建築技術の核心部分の、ある組織から別の組織への移動。このことは「建築生産」という学術分野でも、故古川修先生[*1]をはじめ、多くの方が以前から指摘されていた。前川國男さんの頃[*2]までは設計者がゼネコンやサブコンを指導し、しばらくすると技術の核心部分がゼネコンに移って彼らがサブコンを指導し、そうこうしているうちに技術の核心はサブコンに移るという不可逆的な変化のことである。そして、建築技術支援協会のベテラン技術者の発言は、この不可逆的変化が来るところまで来たという現在の状況を表しているのだろう。そして、その先には、技術の核心部分の海外への移動があるはずだ。技術という面で見た時の国内空洞化を、将来の姿と見なすことにさほどの無理はない。事実、施工図の多くはすでに海外で描かれている。

さらに、現在適用が進みつつあるＢＩＭ（Building Information Modeling）等は、技術の核心の所在を大きく変化させる可能性がある。建築を構成する要素技術はデータ化されて世界中を流通し得るし、その改善には組織の枠を超えた集合知の手法が使われ得る。別の分野での例として、登録すれば世界中の誰もが編集に携わることができる、ウィキペディアを想い起こしてみるといいだろう。要素技術の最適な組み合わせについても、要素技術の属性データがきちんと揃っていれば、性能面や生産面から様々な評価がたやすくできるようになるだろうし、その結果もまたデータとして蓄積され、広く適用できる形になるだろう。こうなると、技術の核心の所在は情報産業ということにもなりかねない。

個々の技術の情報化できる部分については、そういう方向に動くと考えてよさそうだが、その時、技術のプロフェッショナルである建築設計者やゼネコンの役割はもっと先鋭化しなければならないだろう。いくつかの方向が考えられようが、私は編集者としての役割に期待をかけている。

個々の要素技術の核心が外部化し、さらにはオープンリソースとして情報化されると、それらを集めて建築全体にまとめ上げるまでのハードルは今より遥かに低くなるだろう。建物の利用者や発注者が相当のことをできる環境も格段に整うに違いない。ただ、数多《あまた》ある要素技術のどれを選び、どれと組み合わせるのが、当該プロジェクトにとって一番面白く、効果があるかという点に関しては、能力と経験次第という面が十分に残り得る。編集の妙というものである。

また、情報化されるのは技術の核心のすべてではない。多くの場合、建築技術の核心部分は、物質と、人間による工作とで構成される。その工作者としての人間に適切な能力発揮の場や修練の場を与え、健全に育て上げる行為も、ここでいう編集の重要な機能だろう。書籍の編集者はそうやって物書きを育て、文化の厚みを形成してきた。売れっ子作家に原稿依頼して、その時々に彼らを消費するだけでは編集の醍醐《だいごみ》味はない。

「マネジメント」ではぼんやりしすぎる。「編集」という未来像の絞り込み方があってもよい。

若い世代からの刺激

日頃、ｉＰＯＤに数千曲ほど入れて持ち歩いている。大学院生時代にウォークマンが世に出て以来、音楽を聴かずに通勤するのは難しくなってしまった。当時、団塊の世代の方々から見れば、チャラチャラした若僧の習慣と映ったことだろう。そんな私ももう還暦である。

数千曲をシャッフルモードで再生しているので、一〇年以上忘れていたような曲にハッとさせられることもある。最近ではマイルス・デイヴィス（一九二六―一九九一年）だ。シャッフル再生していて、一九七〇年のアルバム『ビッチェズ・ブリュー』冒頭の「ファラオズ・ダンス」が唐突に再生された。私はいわゆるジャズファンではないが、マイルスは好きだし、このアルバムはいわゆる名盤だし、ロックで育った私には親しみやすい電子楽器系でもあったから若い頃はよく聴いた。

久々に聴いてみてその瑞々しい勢いに改めて心躍らされた。ジャズを全くご存じない方にはわかりにくくて申し訳ないが、後にいずれも大御所になる当時の若い世代のアーティストたち、ウェイン・ショーター、ジョー・ザビヌル、チック・コリア、ジャック・ディジョネット、ジョン・マクラフリンらが、緩い統制の下で才能の火花を散らし、そこにマイルスが独特のフレーズで切り込み、全体を造形する。半世紀近く前の録音だが、カッコよすぎる。

よくいわれることだが、マイルスは若い才能を見出し、彼らと刺激し合いながらお互いを未知の領域へと導く、特別な存在だった。それはキャリア初期には、同年代のジョン・コルトレーンやビル・エヴァンス、ソニー・ロリンズ、キャノンボール・アダレイ、ウィントン・ケリーであり、『ビッチェズ・ブリュー』の前あたりでは、ハービー・ハンコック、ロン・カーター、トニー・ウィリアムスであった。『ビッチェズ・ブリュー』以後には、マーカス・ミラーやアル・フォスターがマイルスのバンドから育っている。これらのメンバーがジャズ史に占める位置の大きさには改めて驚かされる。一体マイルスがいなかったら、ジャズはどうなっていたのだろう。ジャズファンでなくてもその偉大さには恐れ入るしかない。

マイルスと比べるのはまことにおこがましいが、自分より若い世代とはこのような関係を結びたいものである。

「先生は、毎日のように若い学生さんたちと接触しているのだから、いろいろと刺激を受けるでしょう」などと言われるが、それがそうでもない。特に自分の研究室の出身者になると、専門分野が近すぎるせいか、こちらの感度が低いせいか、『ビッチェズ・ブリュー』のような瑞々しい仕事は一緒にできそうにもない。

マイルスだって、育てながら刺激し合ったのは、自分と同じトランペット奏者ではなく、ピアノ、サックス、ギター、ベース、ドラム、パーカッションなど別の楽器の奏者たちだ。そこがポイントなのだと思う。自分と異なる楽器をやっているから、安易にわかったような気になることなく、素直な気持ちで刺激し合えただろう。

そう考えると、私のような仕事では同じ楽器を演奏する先輩や後輩と接していることが多すぎて、他の楽器の若手奏者と付き合う機会は限られている。建設業の皆さんも案外そうなのではないだろうか。だから、そういう機会はあえてつくらなければ、マイルスのようにいつも瑞々しく未知の領域を切り拓ける状態には近付けない。

そういう思いもあって、二〇〇八年に建築家の松永安光さん、山本想太郎さん、都市系シンクタンクの清水義次さん、実業家の長屋博さんたちと一緒に、HEAD（Home &

HEAD 研究会から始まった北九州リノベーションスクール。2015年2月の8回目、小倉魚町銀天街での集合写真。左端の白髪男が筆者。前列に、大先輩の清水義次さんの姿もあるが、今や日本のリノベーション業界を先導する大島芳彦さん、嶋田洋平さん、徳田光弘さん、青木純さん、吉里裕也さん、西村浩さん、明石卓巳さん、宮崎晃吉さんたちの姿があって頼もしい。私よりずっと若い人たちだ（写真提供：株式会社北九州家守舎）

Environment Advanced Design）研究会[*3]という集まりを立ち上げた。多様な活動領域の若い人たちが集まり、いわば様々な楽器の奏者が集まらないとできないようなことを次々に生み出していく、そんな場が理想だった。

　これまでのところ、HEADはこの理想にとても近い場になっていると思う。リノベーションまちづくり系の人たちを例にとれば、三〇代の不動産オーナーたちがいるし、四〇代の不動産管理業者もいるし、シェア・スペース運営、飲食、旅館といったコンテンツ系を業域に加えて起業する二〇～四〇代の生きのよい建築系の人たちもいる。私にとっては、ＨＥＡＤがなければ出会っていない人たちだが、その活動や発言は刺激に満ちている。

　ある時、地方創生を再考するシンポジウムの提案があったので、「石破大臣（当時）を呼んだらどう？」と軽口を叩いたら、シンポジウム当日、車座的な会場に本当に石破さんが来て「地方創生には皆さんのようなワカモノが必要なのです」と、場を盛り上げておられた。若い世代の実行力には舌を巻いた。

一〇代の職人

　二〇一五年のことだったと思う。千葉大学名誉教授の服部岑生《みねき》先生から声を掛けられた。「松村さん、今のままでは、日本の建築の中から和室は消えてしまうかもしれない。何か行動しないといけないと他の先生方と話してきたのだけれど、君にも加わってもらって、できれば研究会のようなものの立ち上げの中心になってもらいたい」

　おおむねそのようなお誘いだった。私は和室の専門家でも、あるいはその成立等に関わる建築史の専門家でもないのだが、お断りする理由もないので「はい」と答えた。以来、日本建築学会に「日本建築和室の世界遺産的価値特別調査委員会」[*4]を設置し、様々な分野の研究者や実務家の方々と和室に関する横断型研究を進めてきた。

ここで問題となるのは「和室」とは何かということである。ほとんどの方は、和室の要件の一つが敷き詰め畳だとするのだが、その意味で「和室は消えてしまうかもしれない」という懸念と符合するデータが二〇一七年末に公表された。国勢調査の職業別・年齢別就業者数である。

1983年に撮影した茨城県高萩市の畳高等職業訓練校（現在）の様子。畳職人を目指す若者の姿は40年弱経った今も変わらないが、その人数は激減している（「建築知識」1984年２月号「住宅をつくる部品たち」大野勝彦、松村秀一ほか著より。写真：北田英治氏）

私が驚かされたのは、一〇代の畳職人の少なさである。二〇一五年の国勢調査によれば、一五～一九歳の畳職従事者はわずか五〇名。日本中合わせても学校の一クラス分しかいないのだ。建設関係の職人の入職年齢はほとんど一〇代だと考えられるから、この年齢の畳

図1　2015年国勢調査にみる建設・土木関係の主要職種の年齢別構成、総数、平均年齢

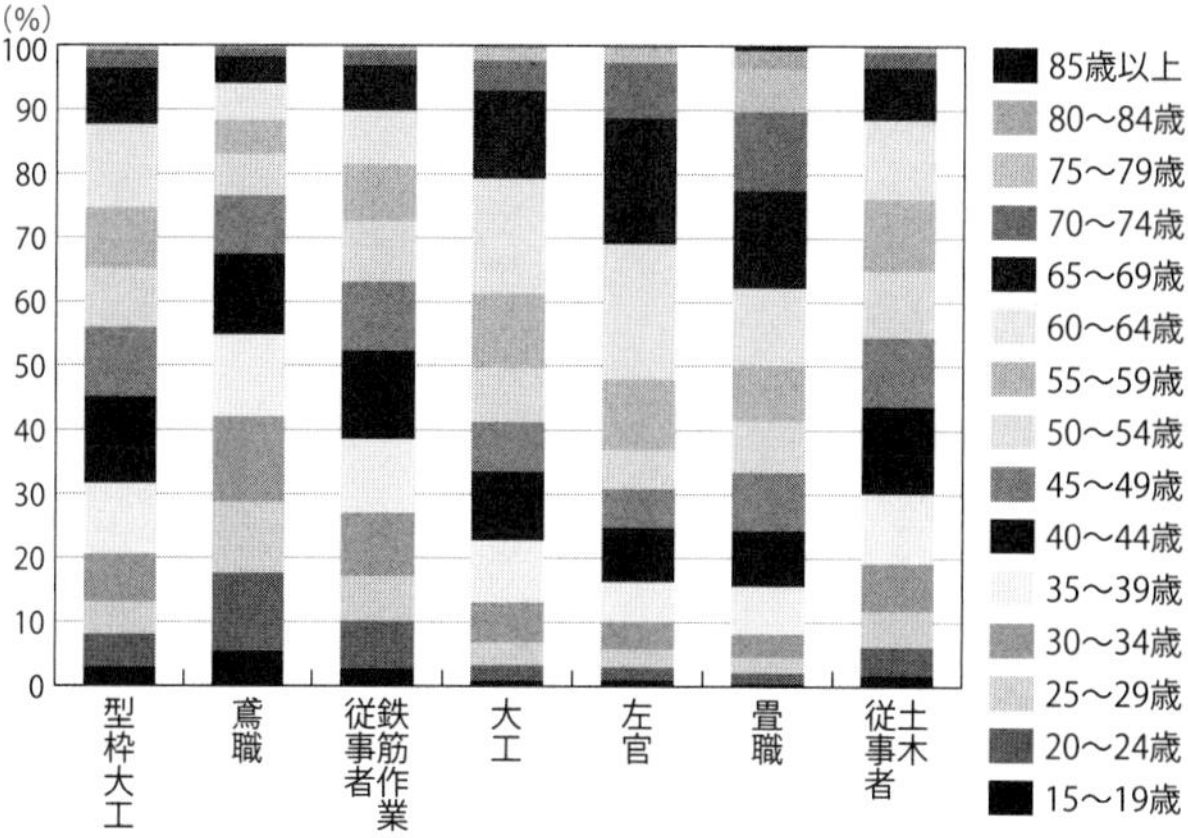

46,010	107,840	32,520	353,980	73,630	14,610	514,770	総数　（名）
47.5	39.7	45.0	52.4	55.9	57.3	47.0	平均年齢（歳）

国勢調査の「職業（小分類）、年齢（5歳階級）、男女別15歳以上就業者数及び平均年齢」のうち「J 建設・採掘従事者、65 建設・土木作業従事者」に基づき作成

職人は将来減ることはあっても増えることはない。それにしても少ない。もっと上の年代を見ると、八五歳以上ですら一二〇名もいるし、六五〜六九歳の畳職など二〇〇〇名を超えている。これらと比較するとその衰退は明らかだ。平均年齢は五七・三歳に達している。

他の建設・土木作業従事者と比べても、畳職人の高齢化は際立っているが、平均年齢が五〇歳を超える職種がほかに二つある。五五・九歳の左官と五二・四歳の大工である（図1）。

建築にとって大工は、木造であ

るか非木造であるかを問わず、およそどんな現場でも不可欠な中核職種である。他のどの職種よりも長らくその減少と高齢化の傾向には警鐘が鳴らされてきた。しかしながら効果的な手が打たれないまま時は流れ、今や全国の大工数の合計は三五万人余り。私が大学を卒業した一九八〇年には九〇万人を超えていたから、その三分の一近くにまで減少したことになる。

畳職と同じように一五～一九歳の人数を見ると、全国で二九二〇名。五歳刻みで一番多い六〇～六四歳の大工が六万三四五〇名、七五歳以上の後期高齢者の大工ですら八二三〇名もいるのだから、一〇代の大工の少なさは異常である。

仮にこの一〇代の大工の全員が七〇歳になるまで大工として働くとして、さらに一〇代で大工になる人数が今後減ることはないと仮定しても、いずれ全国の大工数が三万人程度にとどまる時代を迎えることになる。仮に建築の造り方が変わらず、その中での大工の役割も変わらないとすれば、私の学生時代の約三〇分の一程度の建築工事しかできない時代の到来が予見できるということになる。

大昔から言われてきたように、職人の待遇改善に取り組むことも大事だろうが、生産年齢人口全体が減少する中、多くは期待できないだろう。外国からの研修生に期待をかけたくもなるが、大工として活躍できるようになるのに、職業訓練制度下での研修期限五年は短すぎる。[*5] ロボット化や工場生産化等、古典的な省力化手法の適用はあり得るが、大工にとっても簡単だった作業だけがそれらに取って代わられる、という結末が見えなくもない。つまるところ、建築の造り方を根本的に変えなければどうにもならないということだろう。

様々な構想があり得るが、個人的にはまず材工分離の徹底と、その後の工の流動化が大きな方針の一つになると考えている。

工の流動化、すなわち工事に携わる職種、例えば大工とか左官とか鳶《とび》とかいった既成区分を超えて働ける環境を創出すること、そしてその先に一生現場作業にのみ縛られず、その経験をいかせるデスクワークに移るとか、逆に他の仕事をしていた人が気軽に建設現場に移ることもあり得るような状態を実現すること。それが最終目標なのだが、そのためには、建材流通の中に組み込まれることで細分化してしまった職種分業体制[*6]を変革すべく材工分離を促すことが必要だと考えたわけである。

浅知恵から出た一つの案にすぎないが、議論の種にして頂ければ幸いである。

けんせつ小町

東京オリンピック・パラリンピック組織委員会の森前会長の発言が問題になった時、真っ先に私の頭に浮かんだのは往年の女子テニス・チャンピオン、キング夫人のある試合だった。

一九七三年九月の、これまた往年の名プレイヤー、ボビー・リッグスとの一戦である。キング夫人は女性、リッグスは男性である。男性の賞金に比べて女性の賞金が不当に少額であることに強く抗議していたキング夫人に、「そんなこと言うのは俺に勝ってからにしろ」とばかりにリッグスが挑戦状を叩きつけたのである。少々年をとっていたとはいえ、リッグスはかつてのウィンブルドン・チャンピオン。さすがのキング夫人も歯が立たないだろうと思いきや、キング夫人が三セット連取して圧勝した。以来テニス界における女性の地位は大きく改善されていくことになった。この話は二〇一七年に映画化もされている。

リッグスとの試合を含むキング夫人の活動は、当時「ウーマン・リブ」と呼ばれた女性解放運動の一つだったと記憶している。一九六〇年代に始まったその運動は、一九七〇年代には様々な社会領域に広がりを見せていた。

1973年に行われた世紀の一戦。キング夫人対ボビー・リッグス（1973年９月20日撮影、ABC Photo Archives）

この世紀の一戦があった当時、私は高校の硬式庭球部にいたが、その後大学の建築学科に進んだ際、そこで建築関連領域でのウーマン・リブを象徴する運動の一端に触れることになった。キング夫人の一戦と全く同じ年にアメリカで出版されたある本の存在を知ることによってである。*"I TOOK A HAMMER IN MY HAND – The Women's Build-It and Fix-It Handbook)"*（私はハンマーを手にした――女性のためのＤＩＹ建築ハンドブック：筆者訳、Florence Adams 著）がそれである。

表紙を飾る絵で、オーバーオールを着た自由の女神が、右手で握ったハンマー

1973年に出版された『私はハンマーを手にした――女性のためのDIY建築ハンドブック』

を高く掲げている。それがすべてを物語っていた。それまでアメリカにおいて男性だけが楽しんできた住まいに関するＤＩＹという趣味の分野を、女性にも開放せよというわけである。

そして、この象徴的な本の出版から約半世紀。もはや住まいに関わるＤＩＹを楽しむのが男性だけということはあり得ない世の中になっている。アメリカばかりではなく日本においても「ＤＩＹ女子」という言葉に代表されるように、住まいに関わる大工仕事や仕上げ仕事を趣味として楽しむ女性は増え続けているようである。特に在宅時間の増えているコロナ禍の中で、そうした女性が増えたのだとも聞いた。様変わりである。

一方、日本の規模の大きなゼネコンが集まる（一社）日本建設業連合会は、女性活躍の場を広げようと、五年以上前から「けんせつ小町」と称して、様々な啓発活動に取り組んでいる。実際各大学から建設会社に、現場監督を目指して入社する女子学生も珍しくはなくなってきたし、現場でも女性の職人の姿を目にするようになった。

大学の建築学科等には学生として多くの女性が所属している。その結果、例えば、令和二（二〇二〇）年度の建築士「設計製図の試験」合格者を見ると（(公財）建築技術教育普及センター調べ）、一級建築士で女性比率は二八・二％、二級建築士では三八・二％に達している。ただし、まだまだではある。現場で見かける女性の比率はまだこんなに大きな数字ではない。

しかし、先に述べたようにＤＩＹ女子は大流行《はや》りである。つまり、現段階で女性はほとんど現場監督や現場技能者になってはいないが、既存建築再生現場でのＤＩＹ工事を実践したり、そのことに関心を持っている女性は多く、また女性建築士も多いことから、ここに秘められている将来の人材の可能性は決して小さくないと思うのだ。

「趣味と仕事を一緒にされては困る」とか「プロと素人は全然違うのだから」とか考える読者の方も多いだろうが、建設という行為にものづくりの楽しさが多く含まれていることと、これからの人材不足を合わせ考えると、ＤＩＹ女子から「けんせつ小町」までの間に、様々な種類の活躍の形態を構想することは十分に価値があると思う。

面白いデータがある。ＯＥＣＤは、『ＯＥＣＤ幸福度白書5』（西村美由起訳、明石書店、二〇二一年）において、三七の加盟国間で幸福度に関する様々なデータを比較しているが、「ネガティブな感情バランスの男女格差」という項目において、他のすべての国で女性は男性よりネガティブな感情を感じることが多いのに、唯一日本だけが逆なのである。日本の女性のこのポジティブさ（？）には大きな可能性を感じる。

還暦越え

個人的な話で恐縮だが、一九五七年生まれの私は、二〇一七年に還暦を迎えた。ありがたいことに、この三〇年ほど運営してきた研究室の卒業生たちが祝いの会を開いてくれた。長寿の祝いということらしい。

一九五〇年代あたりの小津安二郎監督の映画などを観ていると、家族の状況から見てまだ五〇代と思しき人物が、自然と最年長の部類として描かれていて、それを超える老人が出てくることは稀である。つまり、還暦にもなると社会の最年長グループに入っていると いう体なのだ。だから、昭和のこういう映像に触れると、還暦の祝いが長寿の祝いだといわれても全く違和感はない。

試しに統計に当たってみると、例えば一九五〇年の日本で還暦越えの人の数は、総人口

図2　日本の人口ピラミッド

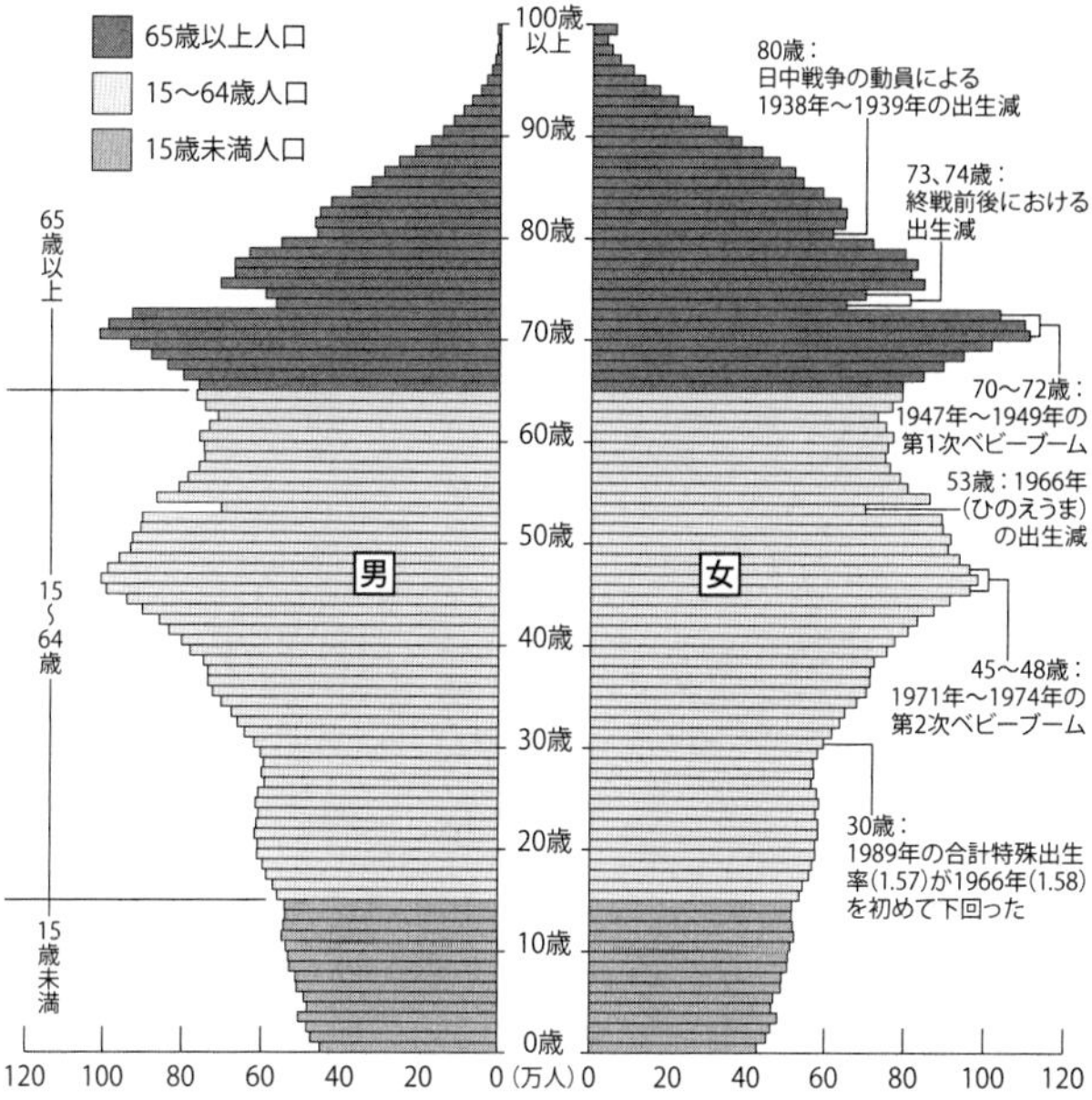

2019年10月現在、総務省統計局資料

の八%にも満たない。還暦越えは押しも押されもせぬ社会の年長組であった。長寿の祝いにまことに似つかわしい。

ところが、二〇一七年に還暦となった私の場合はどうか。実は日本には今、還暦越えの人が四千数百万人もいて、総人口の三分の一を超えている。還暦を迎えたばかりの私など上から四千数百万番目、社会の年長組どころではない。長寿の祝いをしてもらったとはいえ、ごくありきたりの中間的な年齢層に属しているのだ。

ちなみに一九五〇年の日本で年長から三分の一というと、わずか三〇歳余りの人まで入ってしまったものだ。人口の三分の二がおおむね三〇歳以下だったということである。

超高齢社会の到来ということはわかっていたし、人口ピラミッド（図2）も見たことはあるが、還暦を迎え、現代日本における自分の位置付けを考えた時に初めて、いま日本が経験している急激な社会変化を身に染みて実感できた。

この三分の一以上もいる還暦越えの日本人の多くが、いきいきと活動できる場をどのように創り出せるか。これからの日本社会にとって極めて重要な課題である。様々な世代が創意を働かせねばならない。

そこで、六〇歳未満である三分の二弱の方のために、還暦越えしたばかりの人たちがどういう状況にあるか、私の身近なところで見ていこうと思う。

まず、致命的ではないものの大病の経験をしていたり、何らかの健康上の問題を抱えている人が少なくない。だから、若い人のように素早く活動したり、長い時間集中したりする能力は相当衰えているのが普通である。

配偶者と子供がいる場合でも、子供たちは経済的に独立しているケースが多いし、もう同居はしていないというケースも多い。ただその一方で、還暦すぎの本人よりもさらに三〇歳ほど年長の親御さんの介護に苦労している人も少なくない。決して余生を楽に過ごすというような立場にいる人ばかりではないのだ。

一〇年前の同窓会では熱心に仕事の話をしていた人が、ペットや孫の話に夢中になったり、マラソンを始めたとか、登山を始めたとか、楽器を始めたとかいって、一切仕事の話をしなくなる。名刺をもらうと、卒業以来勤めていたはずの企業のそれではなく、いつの間にか異なる職場の名刺になっていたり、自宅の住所の名刺になっていたりする。そういえば、同窓会の集まりでも決まってスーツにネクタイだった人が、昼間のバスでよく見かけるリラックス・モードの親父になっている。

たまに仕事関係の話になると、妙に業界とか経済界全体についてのどこかで聞いたような話が多くなっていることに気付かされる。年相応に大所高所的といえなくもないが、これまで属していた業界が自分事ではなくなっているものとも受け取れる。

建設業界からいえば、全産業の中でも就業者がとくに高齢化していて、いかにして若い人に入ってきてもらうかが焦眉の急のようだが、超高齢社会、人口減少社会の中で、そんな夢のようなことばかり言っていても始まらない。まずは、人口の三分の一を占める還暦

図3　ふるさと回帰支援センターの利用者の年代の推移（東京）

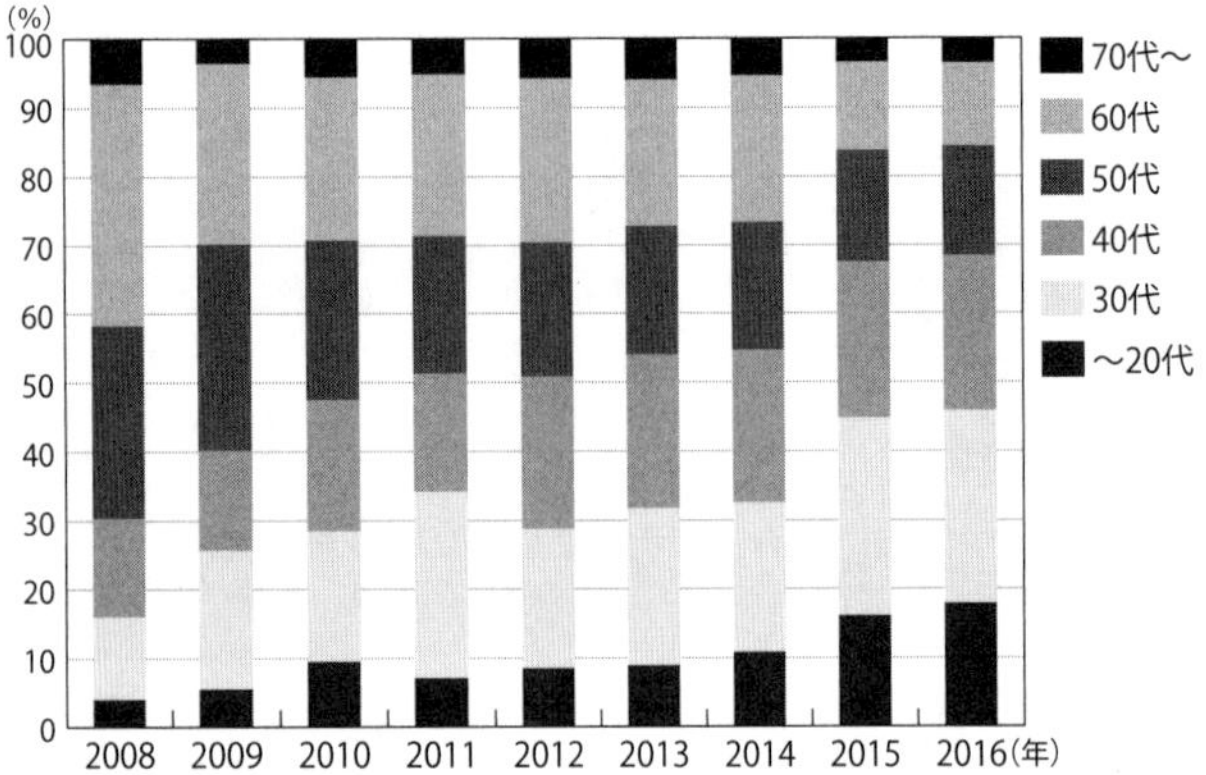

資料：ふるさと回帰支援センター

越えの人々にとって、ペットや孫やマラソンや登山や楽器と同じくらいに楽しめる予感のする活動の場を、建設活動全般の中に創り出すことが目指されるべきだと思う。

私の時代感覚では、多くの若い世代の方々も、従前のような仕事一辺倒でないわくわく感のある暮らしを求めているわけだから、もし還暦越えの人々を惹き付けるような場が建設界にできれば、若い世代にとっても魅力的な場になるに違いないと思う。

ある世代やある特性を持った人々をターゲットにデザインしたり考えたりしたものが、他の世代や一般の人々にとっても望ましいものになり得るということは、身体能力の衰えた高齢者や障碍《しょうがい》者に対象を限定した「バリアフリー・デザイン」が、できるだけ多くの人が利用可能であるような「ユニバーサル・デザイン」という概念に拡張されていった経緯が示唆するところだ。

ひとつ、興味深い例を紹介しておきたい。定年退職後、大都市圏から地方へのUターンを希望する人々を支援する目的で、二〇〇二年に設立されたNPO法人ふるさと回帰支援センター*7の例である。設立から二〇年弱を経過した今では、若い現役世代の移住を中心に扱う組織に変貌を遂げているという。

図3はこのセンター利用者の年齢構成の推移を示しているが、二〇〇八年には五〇代以上の利用者が七割を占めていたのに対して、わずか八年後の二〇一六年には完全に逆転し、四〇代以下の利用者が七割を占めるようになっている。いわば還暦越えの人々に少なからず好まれるだろうと予想されたライフスタイルが、むしろ若い世代憧れのライフスタイルになり得たのである。

この移住の広範な普及が示唆しているのは、活動する時間の柔軟性、自己実現欲求や向上心を刺激する学びの機会の設定、新たな友人づくり等、これからの暮らしの場に期待される事柄は多岐に及ぶということである。改めてしっかり認識しておきたいと思う。

まちの後継者

文京区本郷、東京大学の周辺は、平成初期にはペンシル・ビルやワンルーム・マンションへの建て替えが増えたものの、平成後半は落ち着いて、そうそう工事現場に出くわすこともない。だから、一見まちは変わっていないように見える。ところが、建物の落ち着きとは裏腹に、まちは変わってしまっている。

この界隈には、私が学生になるずっと前からやっている蕎麦屋が何軒かあった。私には、ゆったりとした気分で蕎麦を味わいたい時に必ず入る店があった。ところがである。いつものように一人でその蕎麦屋に行くと、店の中にあかりはなく、入り口にささやかな貼り紙がしてあった。「長い間ありがとうございました」と閉店の挨拶が書かれていた。ほどなく改装工事が始まり、そこは今時のラーメン屋に姿を変えた。

その蕎麦屋から一〇〇メートルほどのところには、これまた私が学生になる前から営業を続けてきた、深酒要注意の焼鳥屋がある。閉店時間が遅いこともあって、梯子酒《はしご》になると幾度となくくだを巻きに行った。そこで建築学科の他の研究室の一群と遭遇することもあり、それも楽しみの一つだった。ところがである。ここにもまた貼り紙が出た。「長い間ありがとうございました」と。

　ここ数年本郷界隈では、長らく親しまれた店が惜しまれながらも次々と閉店してきた。蕎麦屋と焼鳥屋だけではない。私が足繁く通った店だけでも、老舗パン屋、昭和の香りを色濃く残すケーキ屋、モーニングの美味しい喫茶店、研究室の飲み会の定番だった鉄板焼き屋、構内での花見にも岡持ちで出前をしてくれた中華料理屋、著名な文豪たちも屋台で営業していた頃に食していたというおでん屋、江戸時代から「本郷も〇〇までは江戸の内」と川柳にまで詠まれた雑貨屋等々、数え上げると少々悲しくなる。

　平成初期だと「ああ建て替えだな」「高いビルが建つのだな」という理解で貼り紙を見ていて大きな間違いはなかったが、今は違う。どこも建物はそのままで、シャッターが下ろされたままになるか、先述した蕎麦屋のように、全く違う業種が開店する。結構多いのは、他のまちでも見かける全国展開型の飲食店や携帯電話の店舗。市場調査が十分でない場合には、それもほどなく閉店というケースもあり、昨今のまちの風景は安定しない。

　久しぶりに来室するような卒業生が、「大学周辺は変わりませんね」と言った後、よく行った定食屋や居酒屋の名前を挙げるたびに、「ああ、あそこはもうないよ」と言われ、一目だけではわからないまちの大変化にショックを受けるということもある。

建物を建て替えるわけでもなく、閑古鳥が鳴いているわけでもなく、そのまちをそのまちたらしめていたコンテンツが消え去っていく。その原因は多くの場合、店主の高齢化と後継者の不在ということのようだ。本郷に限らない、同じような話は、全国のそこここで聞く。

二〇一六年の暮れに起こった糸魚川《いといがわ》の火災[*8]は記憶に新しい。

出火元は中華料理店で、店主の親爺《おやじ》さんがコンロの火をつけたままちょっと店を離れた間の出来事だったという趣旨の報道を覚えている。二か月ほど経った頃だったと思うが、建築防火の大家《たいか》、早稲田大学の長谷見《はせみ》雄二先生からお話を伺う機会があった。私が理解したところでは次のようなことだ。その店主はすでに七〇歳を超えていて、今は一人で店を切り盛りしているが、数年前には他にも働く人がいた。そのもう一人いる時だったら、こういう火災は起こらなかっただろう。火災にあった糸魚川のようなまちは日本中にあるが、木造建物を中心に構成されたそれらのまちを全て耐火建築物に建て替えるのは不可能だ。そうした中で、同様の火災が起こらないようにする上で最も深刻で難しいのが、まちの超高齢化と人口の減少である。もしこの中華料理屋で誰かがこの店主を手伝っていたら、大きな火災にはならなかっただろう。

私たちのような建築屋は、建物の並びこそがまちだと思いがちだ。中身が閉店しようが、変わろうが、建物がそのままである限り、知ったこっちゃない。そういう感覚のところがある。が、それは間違いだ。まちは、建物以上に、建物に埋め込まれるコンテンツでできている。長い間、それは家業としての継続性で支えられてきたし、変わることも少なかった。だから、建築屋はそのそれぞれの家代々を得意筋として建物の注文にだけ気を付けていればよかったのだ。その継続性を持った得意筋から注文があれば、建物を造り、まちを造っているという実感すら得られただろう。

だが、現代のように家業の後継者がおらず、まちのコンテンツが消え去る時代になると、これまで通りの建築屋は無力感を抱えて佇《たたず》むしかない。建築屋も建物のコンテンツのこと、まちのマネジメントのことを考え、自身の領域に組み込むべき時代になっているように思う。でなければ、時代に応じた希望は耕せないだろう。

私は、これまで家業であったコンテンツを、意欲のある他人に継承してもらう気分と方法を創り出すことが重要だと考えている。そのためのマッチング・サービスや人材育成の場づくりが追求されるべきテーマだ。

あの蕎麦屋と焼鳥屋も、おそらくは後継者がいなかったのだろうが、蕎麦屋あるいは焼鳥屋をやりたい人は日本中に大勢いるのではないだろうか。学問の継承性を重んずる大学がよくやる公募を試してみるのもいいかもしれない。

工作人という存在

大学時代に建築学科にいたものは、大抵自分にとっての「アイドル」的な建築家がいるものだ。例えば、日本建築界の巨匠前川國男の場合は、ル・コルビュジエ（一八八七—一九六五年）。前川は一九二八年東京帝国大学を卒業したその日の夜に、憧れのコルビュジエのいるフランスに旅立ったという有名な逸話が残っている。

巨匠の逸話の後に私の話というのもお恥ずかしい限りだが、私の場合のアイドルは、間違いなくジャン・プルーヴェ（一九〇一—一九八四年）である。

かつてル・コルビュジエから「次の時代の新しい建築家、即ち「建設家」」と称され、自ら考案した建築や部品を自らの手でつくるという創作スタイルにより、二〇世紀の建築史に独自の軌跡を残した人物である。

パリ市の歴史的建造物として保存再生された「クリシー人民の家」。当時、時代の先端を行った金属製カーテンウォール、ガラスによる大きな壁面とキャノピー等が復原されている

二〇世紀の産業化の進展があまねく作業の細分化と分業化を推し進めたのに対して、プルーヴェは工業的に進んだ生産技術の応用を志向しながら、一方で作業の細分化には徹底した抵抗を示し、むしろプロセスの統一をこそ信条としていた。若い頃の私は、この独特な「工作人（ホモ・ファーベル）」らしさに心ひかれた。他のどの建築家にも感じられないものだったからだ。

彼はエミール・ガレに代表されるナンシー派[*9]の芸術家を父に持ち、金属加工職人としての修業を積んだ経歴を持つ。初期の代表作であり、「元祖ハイテク建築」とも呼ばれる「クリシー人民の家」（一九三八年）の工事現場の写真に、視察に来た関係者の眼前で自らハンマーを手に鋼製階段の仕上がりを直すプルーヴェの勇姿が残されている。そこに写し出されているのは、中世的とも形容し得るものづくりの精神に他ならない。

「かつてのマスタービルダーは完全な人間であり企業家であった。彼は建築家であり、考える人であり、エンジニアであり、同時に実行者でもあった。彼は素材から霊感を得て、彼のアイデアへの敬意を確認した上ですべての責任を負った。彼は現場で生きた。一体彼はどうなってしまったんだ」

プルーヴェ自身の言葉である。

一九四〇年代後半、プルーヴェはナンシー近郊マクセヴィルの工場で、理想の創作環境を実現した。高い能力とモチベーションを持った多くのエンジニアや職人が集まり、最盛期は二〇〇名を超える工作人がこの工場で革新的な建築の部分を生み出していた。ところが、一九五二年、新しいものづくりよりも売れるものの量産を求めた大株主の手で、突然プルーヴェは自分の工場から追い出された。悲しい挫折であった。しかし、この悲しい挫折は、二〇世紀半ばの工業技術の限界によるものであり、情報化技術等が圧倒的に進歩した半世紀後の今日では回避できるのではないか。私自身は、一九九〇年代からそういう視点で現代の建築界を見てきた。結論ははっきりしている。デジタル・ファブリケーションを手中にした現代なら、プルーヴェの理想の創作環境マクセヴィルはうまく経営できるに違いない。できるものならこのことを、「建築家のオフィスが部材製造工場以外の場所にあることは考えられない」とし、工作人としての統合性を重視し続けたプルーヴェ本人に伝えたいものである。

一九世紀的なクラフトマンシップと二〇世紀的な工業技術の夢のような結合。そのプルーヴェに関する日本語の決定的な本が二〇二〇年に出版された。『構築の人、ジャン・プルーヴェ』（みすず書房）。編訳者の早間玲子さんは前川國男の事務所を経て、その後長くプルーヴェと一緒に働き、プルーヴェの教えを直接受けた日本人だ。その早間さんが日本語に訳すべく選んだ二つのテキスト群、そして後世の研究者に繋ごうと全力でつくり上げた年譜。全体が愛情に溢れている。

まず第一部。仏語の読めない私にとって、これは読んだことのないプルーヴェ自身の言葉だ。マクセヴィルの一件に関するプルーヴェ自身の言葉は胸を打つ。また、建設業の方には馴染みのあるフランスの大企業ブイグ社やカミュ社の創業者についての辛辣《しんらつ》な言葉も綴られる。

第二部は、かつて唯一読むことができた英語併記のまとまった作品集で、一九七〇年代には日本の多くの人が、この英語の本でプルーヴェについて知ったのだと思う。今回はこれが日本語になり、とても読みやすいレイアウト・デザインになっているのでありがたい。

建築の創造プロセスの分業化や細分化が一層進んでいるように思える今日、虚心坦懐に工作人の理想を見つめ直してみるのもよいと思う。

Ⅳ　国境を越えてゆく

建築も土木も土地に固定される物なので、それを担う産業が活動範囲を限定した地域産業になるのはごく自然なことである。ただ、物でないデザインや技術は昔から海を越えることがあったし、物でも材料レベルでは広域で取引されることもしばしばだった。

地域を国という枠で考えると、日本の建築界は従来とても地域産業的だった。設計にせよ施工にせよ国内での活動がほとんどだったし、そもそも市場自体も事実上閉鎖的だった。市場が十分に大きく、独占的だったから、国内だけでも手一杯という面はあっただろう。また、材料や未熟練工については、国外からの導入が珍しくはなくなりつつあるものの、とても本格的な国際化といえる状態ではない。

しかし、これからはそうはいかない。市場は小さくなり、活躍の場を国外に求める人や組織は増えるだろうし、急速な生産年齢人口の減少に伴い、人材や技術を外国から導入しないとうまくいかないことも多々出てくるだろう。当然、希望の耕し方の中に「国境を超える」という行為も位置付けられるべきである。本章は、このことを少し多面的に考えてみようと編まれた章である。

最初に、現代の日本人に染み付いている欧米先進国を追いかけ、そこから学ぶだけという振る舞い方から脱し、あえて日本から世界に発信する姿勢の重要性について考える。

次は、筆者のように大学で教鞭をとる者にとって一番の国際化の証《あかし》、留学生についてである。ここでは、三〇年ほど前に中国から留学してきた人たちとの最近の座談会の内容から、日本の建築界にとって彼ら留学生がいかにありがたい存在かを述べる。

その留学生も含めて日本にはいま二〇〇万人以上の外国人が住んでいる。改めて国際化と叫ばなくても、私たちの日常の中にすでにこうした状況がある。このことに改めて意識を向けることで新たな希望を見出そうと論じるのが「多文化交流」だ。

「奥義は国境を越える」は先述の日本からの発信というテーマに深く関わる。地域産業的な性格の強い建築の世界では、技術の各論ではなく、それを基礎付ける概念をこそ発信すべきという考えに基づいて行動してみた、実際の経験の報告である。

最後は、この分野での希望を耕すために、日本建築学会で新たに始めた「グローバル人材育成事業」の報告である。これからの建築界で活躍するだろう全国の学生たちのポテンシャルが想像以上のものだということ、それがわかったのは大きな収穫だ。

日本だから？

二〇一六年秋、恥ずかしながら『ひらかれる建築――「民主化」の作法』と題した拙著（ちくま新書）が出版された。早速アメリカの友人にちらっと話したところ、ぜひ読みたいからアメリカかイギリスの出版社から英訳を出すのはどうかという提案を受けた。常々私も、日本の建築を取り巻く状況を日本語圏外の人に伝える情報が少なすぎると感じていたので、この提案を受けて、友人があちらの出版社や編集者に掛け合えるような目次と概要の英語版を作成して送信した。彼は私の英語を適切に修正してくれた上で、何名かの関係者に送ってくれた。

しばらくして一人目の返事が届いた。日本の建築に関心を持つ読者は多いが、こういうある種の「ビッグ・ストーリー」は、正直なところ日本に期待していない。おおむねそういう内容だった。私は「ビッグ・ストーリー」などとは思っていないが、確かに個々の技術や建築家や作品を語る類のものではなく、もう少し歴史的なパースペクティヴを描こうとはしていたから、当たらずといえども遠からずだ。しかも、言われてみると確かにそうだろうと思わせる内容だった。「欧米人は日本にそういうことは期待していない」、それはこれまでもそうだったし、これからもそうだということだ。ただ、私の中ではこれからもそのままでよいのかという思いが頭をもたげた。

幸い二人目の編集者からの返事が肯定的なもので、その後英訳化の話は進み、二〇一九年秋に無事英国のRoutledge社から*"Open Architecture for the People – Housing Development in Post-War Japan"*として刊行された。ただ、一人目の編集者の反応は今も頭に残っている。

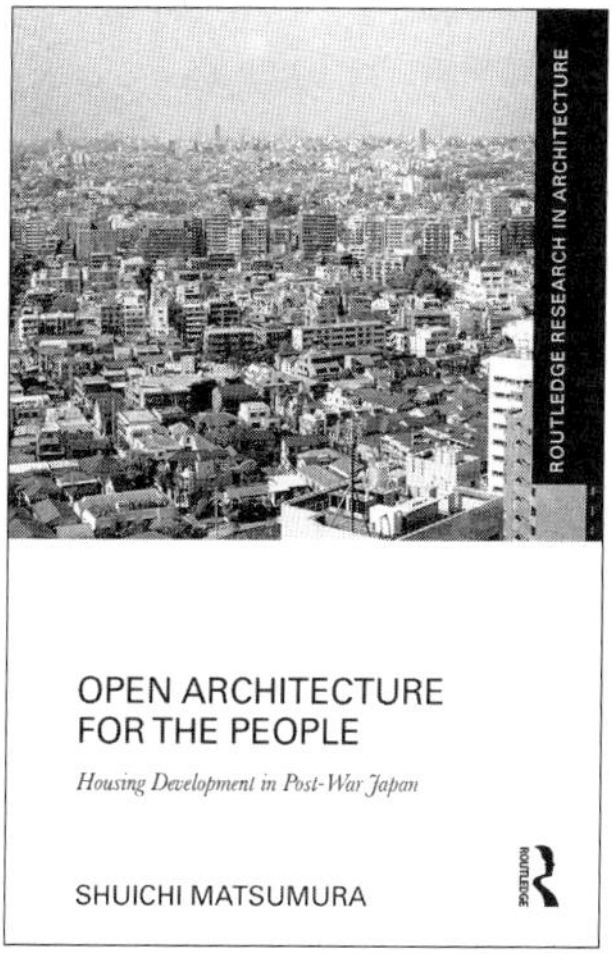

英訳された拙著『ひらかれる建築』

「ビッグ・ストーリー」を日本に期待しないというのは、日本が近代以降一貫して欧米先進国追従型でやってきた国だと、世界中のかなりの人が認識しているからなのだろう。しかし、今はそういう時代、つまり世界のベクトルがはっきりしていて、その線上で国の先進・後進が明確にわかるような時代なのだろうか。

現代日本の変化の中にも、世界に共通する、ある種の問題の先端的な部分が十分に含まれ得る。人口減少と少子高齢化に伴う様々な現象、例えば建物も含めて多くの普通のものが余剰になる現象、様々な仕事の後継者が育たなくなる現象、成長幻想すら持てない中で人生の豊かさがこれまでと異なる角度から求められる現象等々がそうだ。それらに関連して人々の意識が変わり、これまで見られなかったような様々な社会的な取り組みが日本国内で出てきていることを、世界に発信することには十分な意義がある。相互理解こそが国際化の基本なのだとすると、日本の建築をめぐる状況も、エキゾチックでクールな日本のサブカルチャーや伝統文化についてと同様に積極的に行うべき発信対象だと思う。

建築業に関して、従来日本の状況はごく断片的にしか発信されてこなかった。私の知る限り、バブル期に世界のゼネコン売上高ランキング一〇位以内に複数の日本のゼネコンがランクインした頃[1]、日本のゼネコンの設計施工一式請負、特命契約の多さ、専属的元請下請関係、自らの研究機関の保有等々の特性と、その強さの秘訣を関連付けて分析した類の英語の本や報告書が何冊か出たし[2]、全自動施工の開発が競われていた頃[3]には、海外学術関係者の視察も多かった。しかし、そこで紹介された多くの事柄は個々の技術や組織の特性に関するどちらかというと断片的なものが主で、それらの現象の意味を伝えられたかどうかには疑問が残る。

例えば、当時の全自動化施工の現場に案内すると、海外からの視察団は一様に感嘆するのだが、「何のためにこれを進めているのですか」と素朴に問われると答えに詰まった。

少々毛色は違うがこんなこともあった。日本政府の無償援助でアフリカに建設している学校の現場を見に行ったら、現地の工事関係者から「日本のゼネコンの人が、ブロックを積むのに、糸を張って目地をまっすぐに通すように厳しく監督するのだけど、そのために時間がかかって本来休みの日まで働く羽目になった。そこまでして目地をまっすぐにする意味が全くわからない」という感想を聞いた。日本では当たり前のことの、そもそもの意味がわからないのだ。

これらの素朴で普通の国際感覚に出くわした時、日本人同士が顔を見合わせてやや自嘲気味にいうのが「日本だからね」。建築にとって今まで以上に世界が舞台になる可能性が高まっている今日、これでは通用しない。「ビッグ・ストーリー」かどうかはともかく、日本的なことの意味を伝える継続的で組織的な努力は、これからとても大事だと思う。

ありがたき留学生たち

十数年前、日本建築学会の会誌「建築雑誌」の編集委員長を務めたことがあった。その

日本政府の無償援助で
建設されたアフリカの
学校

アフリカのブロック
積み作業例

時、たまたまお隣の社会基盤学科の家田仁《いえだひとし》教授が土木学会で同じ立場にいらしたので、両学会誌で特集の中身が全く同じという冒険をしてみたりもした。今となっては懐かしい思い出だ。

建築学会の会誌編集委員会は、委員長が選んだ二〇名余りの委員で構成され、二年間同じメンバーで二四号分の企画・編集を担当する。学会の一般の委員会では、同じ分野の方々が集まり、細分化した専門分野のことについて話し合う場合がほとんどだが、会誌編集委員会は、建築学の多様な分野を扱う必要があるので、様々な専門分野の人で構成されるのが常である。委員長はそういった多様な分野の委員をどのように選ぶかというと、私の場合、半分ほどの方は、同じ職場の他分野の先生に紹介してもらう方法を採った。だから、その方々とは初対面だった。ところが、二年にわたって毎月いろいろと議論していると、旧知の友人のように思えてくるから不思議なものである。その二年間ご一緒した委員会のメンバーとは、今でも年に一度、一緒に旅に出て交流を続けている。

都市史、殊《こと》にアジアの都市史を専門にしている法政大学教授の高村雅彦先生もその一人である。先生は中国に留学していた経験もあり、中国の都市には滅法詳しい。編集委員会でご一緒して以来、中国のことを詳しく知りたい時には、いつも気軽に教えを乞うてきた。

数年前のことになるが、その高村先生からある依頼がきた。住宅関連の企業や団体八〇社ほどで構成する日中建築住宅産業協議会の会報「日中建協NEWS」に連載してほしいというのである。それに二年間連載を続けてきた高村先生の後任として、中国関係のことを書くことが望まれていた。お引き受けすることにしたものの、私は中国を専門に研究したことがなく、中国に出張する機会は幾度となくあったとはいえ、一週間滞在したことすらない。特にその前二年近くは中国を訪れてもいなかった。さて、どうしたものか。

こんな私に、中国の建築に関わる事柄や建築界の日中関係に関連して、他の方にあまりない経験をしている面があるとすれば、東京大学で研究室を運営するようになってから今日までの三〇年ほどの間に、かなりの数の中国人留学生が大学院に入学し、修士課程や博士課程を修了してくれたことくらいだと思う。皆とても優秀な方で、日中両国さらには世界の建築界で活躍している方も少なくない。そこで、まことに他力本願ながら、私の連載は、かつての中国人留学生との座談会やインタビューを主体にしてみようと企てた。最初は、現在も日本に住んでいる初期のOG、OBにお願いした。

最も早い時期に留学してきた二人は、中国の大学卒業後数年間の実務経験を経て一九八〇年代末に来日した。中国の企業では、彼らが就職した当時は久しぶりの大卒社員だったという。[*4] そういう世代だから向学心、向上心ともに旺盛だったのだろう。国を飛び出し、経済水準の差がまだまだ大きく、生活費を確保するだけでも大変な苦労を強いられる日本を選んで来てくれた。

三〇年前、学生だった時には、指導教員である私の前で苦労話などこれっぽっちも話さなかったから、彼らが当時どれほど頑張って日本で暮らしていたかは、初めて具体的に聞いた。

「そこまでして、よく日本に来てくれたね」と言うと、「中国人だからね」という答え。「中国は大きな国だけど、外に広がるもっと大きな世界を見てみたいのが中国人。そこが日本人とは違う」とのこと。「外の世界に出ることを両親も止めない。親族から留学資金を集め、「行くなら二度と戻らなくていいぞ」というくらいの気持ちで見送ってくれた」のだそうだ。

二人とも来日からほぼ三〇年。大学院を修了した後、それぞれ日本の建設会社で数年働いた後に独立。今では二人とも日本国籍をとり、立派な企業経営者である。座談会の後、一人が所有する湾岸の超高層マンション最上階の、住民専用レストランで乾杯。ありがたき幸せ、ありがたき留学生である。

話題は自然と、今日の中国の建築界の状況にも及んだ。

彼等が大学院生だった頃に選んだテーマは建築生産の工業化。一人はプレキャスト・コンクリートを用いた躯体構法、もう一人は内装のプレハブ化を熱心に研究していたが、労働賃金が上昇した今日の中国では、まさにこれらが国をあげてのテーマになっているという。

躯体構法を研究していた方の一人は、中国の政府関係者から、建築生産の工業化という点での先進国である日本での建設現場や工場の見学を交えた、中国建築技術者向けの工業化研修会を企画してほしいと頼まれたという。「これをビジネスにするのは難しいが、自分にとって大事な日中両国の架け橋になれれば」という思いで一肌脱いでいるようだ。嬉しいことに私も一コマ分の講義を依頼された。

最後に、彼らの後輩にあたるかつての留学生たちの近況について聞いてみた。あれだけ広い中国だ。研究室にいる時は、韓国からの留学生等と比べて、同国人同士の付き合いはごくあっさりしているように見えていたが、さにあらず。ほぼすべてのOG、OBの近況、活躍ぶりを教えてくれた。

単に日中間のビジネスの話ではない。より大きな世界の話、より身近な人間の話をして

改革開放が再び本格化する1992年の上海の街角

1992年の上海の建設現場。竹の足場も使われている。2020年代の今日の上海とは全く異なる

いるのだ。かつての留学生との貴重なひと時が、ややもすると偏狭になりがちな私の思考パターンをぐっと広げてくれたように感じた。

多文化交流

大学の新たな取り組みとしてしばしば紹介されるものに「国際化」がある。政府による大学関係の競争的資金を勝ち取るには必須のアイテムといっても大きな間違いはない。政府が予算を付けるのだから、この「国際化」には国民にわかりやすく説明できる目的が必要だ。一番耳ざわりのよいのが、日本の国際競争力を高めるという名目である。

優秀な留学生に多く来てもらい、卓越した研究成果を上げてもらったり、日本のファンになってもらったり、将来のビジネスに役立つ人脈を日本でつくってもらったり、迎え入れる方はまあそんなところだ。日本から送り出す方では、引っ込み思案な日本の若者に「英語が下手なくらいで怖気《おじけ》づくことはない」と実感させ、将来外国市場にものを売り込んだり、海外の拠点で組織をマネジメントすることのできる人材を増やすことを目的とすることが多い。

私も職業柄、こうした目的を掲げて実際に教育関係の予算を頂いたりした経験はあるが[*5]、本当のところ、日本の国際競争力を高めることを目的としていたかというとそうでもなく、むしろ参加した学生の人生が豊かになることを期待していたというのがより近いと思う。留学先で恋に落ち、今は欧州で家族と暮らす女性。逆に彼の地に留学していた日本人女性にひかれて、ついに日本で就職、充実した生活を送っている欧州人男性。日本留学から帰国後事業に成功、京都にマンションを持って、時々古都ライフを楽しみに来日するアジア人男性。海への憧れから日本の島で旅館の女将《おかみ》になった内陸部出身のアジア人女性等々。私の期待や想像を遥かに超えて豊かに生きる元留学生、元学生は大勢いる。ただ、彼らの人生の豊かさが日本の国際競争力に繋がるかどうかはわからないし、評価のしようもないが。

さて、こうした個々人の人生の豊かさと結び付けて考えようとする場合、「国際化」という言葉は国家レベルや産業レベルの事柄を想起させるので向いていないように思う。むしろ、「多文化交流」と言った方がピタッとくる。

旧知のマーケッター島原万丈さん（LIFULL HOME'S総研所長）からちょうど、そういう副題のついた最新の報告書が送られてきた。『寛容社会——多文化共生のために〈住〉がで

島原万丈さんが取りまとめた『寛容社会――多文化共生のために〈住〉ができること』

きること』（二〇一七年）がそれだ（LIFULL HOME'S 総研のウェブサイト参照）。この報告書で島原さんが問うているのは、自分の子や孫が海外で暮らそうとした時に「そんな目に遭わせたくない」というようなことを、日本に住む、住もうとする外国人に対して自分たちはしていないかということ。就労環境にもそういうことはあるのだが、島原さんが特に問うているのは居住環境についてである。例えば、賃貸オーナーが大した根拠も配慮もなく、面倒だからという理由で「外国人お断り」にしていないかといった事柄だ。

この報告書で改めて気付かされたが、日本には今や三〇〇万人近い外国人が住んでいる（図4）。新型コロナウイルスの影響がなかった幸せな時代には、これに年間二〇〇〇万人以上のインバウンドも加わっていたから、仮に研究室に留学生が皆無でも、ほぼ毎日のようにどこかで外国人と出会うようになっていた。意識しようとしまいと、今では日本に暮

図4　在留外国人の総数と国籍別内訳の推移

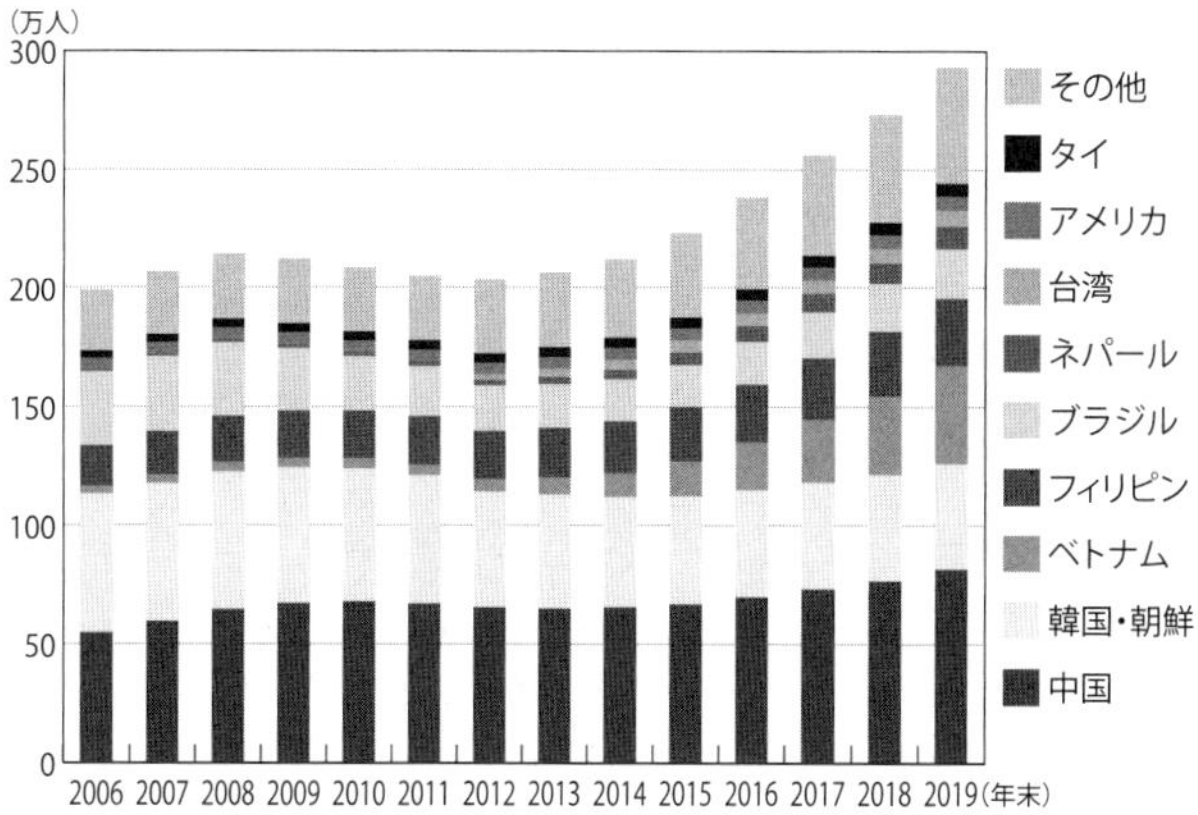

法務省公表資料より作成。2012年以降、台湾は中国と別に集計され、韓国・朝鮮は韓国のみの集計に変わっている

らしているだけで、多文化交流の機会には恵まれているのだ。しかし、日本人も日本に住む外国人も、この機会を活かして人生を豊かにし得ているかといえば、かなり怪しいところだろう。島原さんが衝いているのもこの点である。

建設分野について考えてみると、日本人技能者の減少と高齢化が深刻になるにつれて、アジアを中心とする外国からの出稼ぎ組に頼らざるを得ない割合は増えてくる。また、建設業の海外工事比率が増えると、おのずとそこでは外国人が働くことになる。だから私は、日本がイニシアティヴをとって、アジア地域で能力のある建設技能者を育成する仕組みを大々的につくるべきだと思ってきたのだが、ややもすると日本の都合だけを考えていたきらいがある。

もしそういう育成の仕組みができたのなら、それに参加した人々の人生が豊かになる、上下関係なしの多文化交流・多文化共生の場を目指すべきではないか。そうしなければ、結局はかつて三K、六Kと揶揄《やゆ》された就労環境を再生産するだけで、有望な人材が次々に入ってきたくなるような産業にはなり得ず、最後には地球上のどこをどう探しても現場の担い手がいないという事態になりかねない。

建設現場の問題も、ビジネスの「国際化」としてではなく、人間レベルでの「多文化交流」、「多文化共生」として捉える必要がある。今は強くそう思っている。

奥義は国境を越える

若い頃は好んで遠くの国に出張したものだが、ここ数年、遠出は控えている。二〇一九年の海外出張先は高雄と北京の二都市だけだった。二〇二〇年はコロナ禍のためもあって、どこにも行かなかった。

ただ、二〇一九年、北京には三度訪れた。そのうち二度は同じ目的で、近年中国の建築

2019年11月北京で開催された「中日装配式建築技術交流大会」の熱気溢れる会場。最前列右端の白髪男が筆者

生産において国家的な課題になっている、工業化に関する講演が主な目的だった。

　一度目は中国の政府系機関の専門家だけを対象にした、ごく小規模なものだったが、二度目は日中双方の政府系機関と業界団体が主催した大規模なもので、日本側からも、私だけでなく産官学それぞれの立場の方々が壇上に立った。後で聞いた話だが、中国語で「中日装配式建築技術交流大会」と名付けられたその講演会には、一〇〇〇人を超える聴講者が出席し、ネット上で配信された動画は二万人以上もの人が視聴したという。少なくとも私自身のこれまでの講演会では経験したことのない大人数であった。

「装配式建筑」は日本の建築界に馴染みのある表現でいえば、「工業化建築」、つまり工場生産された部品を現場で組み立てて建築をつくる方式のことである。

建設現場での人手不足や技能者の高齢化の問題は、日本に限ったことではない。中国でもこの問題は深刻化しており、賃金は高騰しているようだし、「現場で三〇代や四〇代の若い人を見かけることは少なくなった」という建設業者の寂し気な声も聞いた。だから、現場打ちの鉄筋コンクリートを工場で製作されたプレキャスト・コンクリート部材に置き換えてみたり、内装をパネル化してみたり、設備を空間ユニット化してみたりという類の工業化建築手法の効果的な適用を促進するべく、この分野で一日の長のある日本の専門家の話を聞きたいということになる。

けれども、建築技術とそれを用いる生産組織のあり方には少なからず地域性があり、個別の技術に関する話になると、日本の経験をそのままの形で中国に適用できるわけでもないし、仮に適用できたとしても日本で実現できた効果を中国でも実現できるとは限らない。そこで、今回の私の講演では、最初に「工業化」という概念をどのように定義するべきかという、いわば技術の各論が迷い道に入ってしまった時によすがとするべき基本的な考え方を伝えるのが最善だと考えた。

私自身も長らく忘れていたのだが、まだ駆け出しの研究者だった頃に、物事の判断基準を求めて、様々な概念の定義を国の内外を問わず勉強していたことがある。その中で私が最も大きな影響を受けたのが、故江口禎《ただし》先生*6（当時武蔵工業大学教授）による「建築生産の工業化」という概念の定義である。それは私が想像できる範囲を超えて完璧なものだった。この定義と出会って以来、そのような概念定義を書ける学者になることが私の目標になった。

今回の北京での講演では、このとっておきの江口禎先生による概念定義を紹介することが最も重要だと直感した。少々長くなるが、その定義を以下に引用し掲載しておきたい。

「建築生産において、工業的に進んだ技術の開発と適用を促進するとともに、技術の合理性が有効に発揮されるよう、建築関係者社会の仕組みを変革、整備すること。その目指すところは、次の三つの側面で示し得るような一つの動的状態である。

第一に、発注者やユーザーにとって、建築がこれまでよりも入手しやすくなる状態。これは工事価格の低減や工期短縮のほかに、現物を事前に把握しやすいこと、品質が保証されていることなど、ユーザーの不安感の除去を含む。第二に、建築生産者側にとって、不安定な労務環境や前近代的組織構造を脱し、高度な生産性が企業利潤の改善と結びついた形で実現する状態。第三に、もっと広い社会的観点からみて、建築生産が適正または主導的な波及効果を生みつつ、国土・資源・都市・国民生活とバランスした良質な国富（建設ストック）を蓄積しつつある状態である」（『建築生産事典』、「施工：建築の技術」一九七八年一月号、彰国社）

何度引用してもぞくぞくするような力を持つ概念定義である。

中国は日本が様々な概念を学んできた国だ。概念定義の話にはきっと多くの人が理解を示してくれるものと思っていたが、講演後の人々の反応から、私の期待はそう外れてはいなかったとの印象を受けた。私にとっての学問の奥義は一つ国境を越えた。

いま、私自身も初心に返り四〇年前の江口先生の概念定義を読み直したわけだが、そこに書かれた「目指す」べき「動的状態」は、今の日本においても、変わらず十分な意味を持っている。

若い世代からの刺激2

筆者は、二〇一六年六月から二年間、日本建築学会で副会長を務めた。担当するテーマの一つは「国際化」。当時の中島正愛《まさよし》会長から「海外事業の比率を高めざるを得ない日本の建築業界を担う人材育成に関して、学会としてできることを提案してほしい」との指示を頂いた。研究分野での国際化については、学会ですでに始めている事業も複数ある。だから、これからの実務分野を担う学生の、海外業務への関心を高めるような事業を考えてほしいということだった。

その後、会長や事務局との検討を経て「グローバル化人材育成プログラム」を始めることにした。具体的には「世界で建築をつくるぞ！——グローバルな建築デザイン・マネジメント・エンジニアリング分野への入門」と題して、二日間、世界を舞台に各方面の第一線で活躍している方々に講演とグループワークの指導を担当して頂き、全国の大学・高専から選抜された意欲のある優秀な学生に集まってもらうことにした。

この初の試みは、二〇一七年八月二四日・二五日の二日間、東京で実施された。講師陣は五名。全国各地から選抜された参加学生は五十数名。日本人だけではなく、留学生も一〇名程度参加してくれた。

講師陣の一人目は、建築家として世界各地で数多くのプロジェクトを手掛ける隈《くま》研吾さん。中国、フランス等でのプロジェクトの経緯を具体的に紹介しつつ、目指す方向を共有できる発注者とであれば、困難はあったとしても最後まで並走する覚悟で臨むというご自身の心構えや、地域固有の材料や技術の様態に合わせる形でそれぞれに最善の建築を求めることの必要性等を伝えて下さった。講義後のグループワークの課題は「日本の木材が海外で売れる契機となりうる建造物のデザインを依頼された。どこに何を建てるか」であった。

二人目は、東南アジアやアフリカで、スラムに象徴される都市問題に取り組んできた東洋大学の志摩憲寿《のりひさ》さん。都市人口の爆発的な増加とそれに伴う問題、他方で将来の人口減少と過疎化が確実視できるアジアの国々の実情等を教えて下さった。その上で提示された課題は「ジョグジャカルタに計画されている新空港の周辺に二〇万人規模の新都市を計画せよと言われた。これから二〇五〇年までにどういう都市を、どういうプロセスで形作るか、そのアイデアを提示せよ」というものだった。

三人目は、世界各地に拠点を持つエンジニアリング企業アラップの小栗新《あらた》さん。同社の研究チームが整理した世界の都市の課題一〇〇を紹介した後、参加者のグループごとに海外の都市を一つ選び、その都市が直面する課題を特定し、その解決に日本の建築業界だからこそできる貢献はどのようなものかを議論してもらう形がとられた。

四人目は、国際的に知られるベトナムの建築家ヴォ・チョン・ギアさん。日本で建築を学んだギアさんは、経済成長だけを重視する風潮への根本的な疑問を投げかけた上で、自らの作品を紹介しながら、瞑想を重視した自身の仕事への取り組み方を説明して下さった。グループワークの課題は「ベトナムのギアさんの事務所で一年間働けるとしたら、どんなことを体験・習得したいか、またそれは自分の将来にどのように役立つか」というものだった。

そして五人目は、日本のゼネコンの技術者・経営者として二〇年以上も海外事業に取り組んでこられた鹿島建設副社長（当時）の小泉博義さん。同社による海外事業の実績の紹介を交えながら、学生が知らないような、世界の建設市場動向、日本の建設業による海外事業の多様さ、日本の建設業の強み等を教えて下さった。海外事業では「鳥の目、虫の目、魚の目」が重要だ、という自説を紹介した後に出されたグループワークの課題は「二年後にシンガポールで学校を造ることになった。プロジェクト検討グループではどういうチームを構成し、この二年間で何を準備するべきか」というものだった。

五十数名の学生は、出身大学や学年、専門分野が偏らないように、五〜七名程度のグループ八つに分けられ、いきなり初対面同士で、上述のような悩ましいグループワークに取り組まされた。それぞれ発表までの検討時間は四五分しか与えられない。しかし、案ずるより産むがやすし。私には到底答えの見当もつかないような難しい課題を、どのグループも見事にこなし、なるほどと唸《うな》らされるような最終発表にまとめ上げていた。

この学生たちの驚くべき成果には、メンターの方々の貢献も大きかった。ゼネコン、設計事務所、エンジニアリング事務所、住宅メーカー、大学等に所属し、海外での経験を豊かに積んでこられた技術者や経営者たちが、一グループに二名ずつ相談役としてみっちり付いて下さったのだ。実に贅沢な布陣であった。

あの成果の半分ほどは、世界をよく知るこのメンターの方々の指導の賜物と思って聞いていたが、二日間の最後に一六名のメンターの方々の全員から感想をお聞きしたところ、そうでもないようだった。ほとんどのメンターの方々は、学生たちの積極性や自主性、そして知識の豊かさに驚かされたと、異口同音に語っていた。こういう若者が全国にこんなにもいるのだということを、大変心強く思ったという感想も多かった。

形式ばかり整ってしまった今の就職活動ではなかなか発見することの難しい、若者の持つ豊かな可能性が、期せずして再認識される形になった今回のプログラム。多くのメンターの方々が、企業社会に属さない若い世代と接する機会を日頃は全く持てないため、貴重な経験だったとコメントしていた。

若者を育成する機会を作ることも大事だが、若者が可能性を発揮する経験を実際に持つ場を作ることをこそ、もっと考えねばならない。そう強く感じさせられる二日間だった。

V　一人の生活者として感じる

長い伝統を持つ建設業、そして建築界は、これ以上造るべきものはあるのかと言われるほどに建物を含む多くの社会基盤と生活環境を造り上げてきた。その背景には「人々が欲しいのにない」ものがあり、「ないから造る」というごく自然な産業的な動機が存在した。しかし今は多くのものがすでにある。過去何十年あるいは一〇〇年以上にわたり、一所懸命に造ってきたからである。もはや「ないから造る」という動機は不自然なものになりつつある。今の人々の自然な欲求は「すでにあるけど何とかしたい」というものだろう。「ないから欲しい」という欲求に応え続けてきた建設業、建築界が、全く慣れていない欲求である。

「あるけど何とかしたい」人々の欲求のあり様を理解する近道は、長年社会基盤や生活環境を造ることに専念してきたプロフェッショナルとしての鎧《よろい》をいったん全部脱ぎ捨てて、一人の生活者として、自分自身の暮らしの中の「あるけど何とかしたい」をリアルに感じてみることだと思う。

最終章では、筆者自身が、二〇二〇年の春から夏、新型コロナウイルス問題で、思いもようなかった巣ごもり生活を続ける中で、一人の生活者として感じ、考え、行ったちっぽけな事柄の数々を拾い集め、そこから「あるけど何とかしたい」を感じ取ろうとしたことを綴った。

最初の「そこで生きてみたい風景」では、巣ごもり生活に入る以前に見続けていた昔の映画の中の「行ってみたい」ではなく「生きてみたい」風景について、具体例を挙げて考えてみた。生まれ育った時代の影響もあるだろうが、私の場合それは「なつかしい未来」と呼べるような風景だった。鎧を脱ぎ捨てた人たちにはまず自分の「生きたい風景」を探してみてほしいと思う。

最後の二つ「未来の草庵」と「散歩とラジオと手紙」は、ともに新型コロナウイルス災禍の中での巣ごもり生活がなければ考えなかったことである。しかし、このウイルス災禍が過ぎ去ったとしても、世界全体が例外なく経験したこの時代が、私たちのこれからの暮らしに大きな影響を及ぼすことは確かだろう。その時、人々の暮らしやそのことに関連する欲求はどのように変わり、それは建設業や建築界に何を突き付けるのだろうか。最後の二つの節は、ちっぽけな思考ではあるが、この疑問を解く一歩目になればと思い、書き留めた。ご笑覧頂きたい。

そこで生きてみたい風景

最近では、様々な動画配信サービスを利用できるようになり、私などは休みになるとひたすら映画、それも古いものばかりを観続けたりしている。昔の映画館のように、三本立てやオールナイト、あれを家でやっているわけだ。

特に変わった観方をしているつもりはないが、やはり職業柄なのか、有名な建築や土木構造物やまちの風景が出てくると、映画の筋とは無関係にそこに目が留まってしまう。昔は、自分の講義で使える建築や土木構造物やまちの風景の映像を探して観ていたこともある。

例えば、講義で高層建築のカーテンウォールについて話をする時には、巨匠アルフレッド・ヒッチコックの『北北西に進路を取れ』（一九五九年、原題"*North by Northwest*"）の冒頭、タイトル・バックからの一連の映像を紹介した時期があった。

まず、明るい緑一色の画面に、鉛直方向の複数の濃い緑色の線と画面を斜めに横切る複数の同色の線が現れる。それらは画面上にパースのきいたグリッドを形成するのだが、その上に監督ヒッチコックやケーリー・グラントたち俳優の名前、そして映画のタイトルが現れては消えていく。そうこうするうちに背景の明るい緑色は消え、上から見た一九五九年のニューヨークの幹線道路が映し出される。ただグリッドは色を変えるもののそのまま存在している。次第に映像がはっきりしてくる。そして、それがアルミ製の枠とそこに嵌《は》め込まれたガラスに映る下界の道路の様子だとわかる。マンハッタンでも最先端の超高層ビルだった国連ビルのカーテンウォールである。もちろんヒッチコックは建築関係者を意識してこのタイトル・バックを考えたのではないから、世界の大都市ニューヨークを象徴する風景として、工業社会を象徴する高精度のアルミ製カーテンウォールと、そこに映し出される自動車社会の様子を選んだのだと理解して間違いはないだろう。

土木構造物の例も一つ挙げておこう。同じヒッチコック作品で、彼がまだイギリス映画界にいた時期の『三十九夜』（一九三五年、原題 *"The 39 Steps"*）はどうだろう。竣工後まだ四〇年余りの、あの長大スパンの鉄道橋、フォース橋が重要な逃走場面に出てくる。しかも、この歴史的な橋の細部を近くから撮影した映像や、橋床から下を見た際の映像など、普通では見ることのできないフォース橋の風景を見ることができるのだ。

土木にせよ建築にせよ、いわば風景を創る仕事である。私のような映画の観方をする方

映画『張込み』の一場面。撮影は1957年佐賀市にて。日傘をさす女性が往年の大女優高峰秀子。左端に立つ白い開襟シャツの男性が主演で刑事役の大木実
（『張込み』（1958年）監督：野村芳太郎 写真提供：松竹）

は、読者の皆様の中にも少なくないかもしれない。ただ、私に関していえば、最近少し観方が変わってきたようなのだ。

映画の中の風景、特にそこで暮らす人の営みを含んだまちや地域の風景に惹かれ、創る対象としてそれを観るのではなく、暮らす、あるいは生きる場として観るようになってきたように思う。年のせいかもしれないし、時代のせいかもしれない。

最近、久しぶりに日本映画史に残る名作『張込み』（一九五八年、松竹、監督：野村芳太郎、脚本：橋本忍、撮影：井上晴二、原作：松本清張、出演：高峰秀子、田村高廣、大木実、宮口精二他）を見たのだが、映し出される風景に目が釘付けになった。「張込み」というタイトルが示すように、映画のかなりの部分は、ある家を向かいの安宿の二階か

ら見張り続ける二人の刑事の様子で占められるのだが、そのいわば「静」の場面との対照を意識してのことだろう、現地ロケによる「動」の風景映像がとても大胆で魅力的なのである。

冒頭は横浜駅から佐賀駅に向かう当時の駅や列車、そして乗降客から成る鉄道の風景。最後の方では、九州の美しい田園風景と山間部の温泉場の風景。そして、私が最も心惹かれたのは中盤で出てくる佐賀市の中心部の生き生きとしたまちの風景だ。昭和三三年、今から六〇年以上も前の日本の典型的な地方都市の風景だ。

ところどころにランドマーク的な鉄筋コンクリートの建物が見られるが、基本的に木造建物が軒を連ねるまちなみ、その前の道やちょっとした広場などに集まる露店の売り手と買い手の賑わい、そのまわりで遊ぶ子供たち。おそらく同じ場所にいま行くと、建物も道路もみな立派になっているのだろうが、こんな若さや賑わいは見られないだろう。

「この風景の中で生きてみたい」

ふと私はそう思った。単なるノスタルジーとも言い切れない感情だ。はっきり言葉にできなくて恐縮だが、そこには、風景を創る私たちが見つめ直すべきものがある。

長野市善光寺の門前町で、空き家、空きビルに移住者を結び付け、すでに一〇〇を超えるスモールビジネスを町に埋め込んで風景を変えてきた倉石智典さん[*1]という人がいる。「場の産業」の先駆者の一人だ。その倉石さんは、仲間と一緒に、そうしたリノベーションの積み重ねの結果としての風景、つまり町の建物群とそこでの営みを楽しく紹介する地図付きの冊子を作成しているのだが、そのタイトルは「古き良き未来地図」。まだ見ぬ「未来」の風景なのに「古き良き」風景なのだ。

ストックに溢れた時代を生きる現代日本の建設業にとって、創るべき風景、人々がそこで生きてみたいと思う風景は、「古き良き未来」の風景なのかもしれない。私たちにとって耕すべき希望とは、そうした風景のことなのではないか。

未来の草庵

この節は二〇二〇年の四月二〇日に書いている。日本も世界も新型コロナウイルス問題の真っ只中だ。

事態の深刻化が日本よりも早かった諸外国では、外出禁止の閉塞感を何とかしようと、いろいろな素人撮影(風)の楽しい動画が、三月初旬から次々にアップされてきた。

三月半ばすぎだったろうか、イタリアやアメリカの友人に見舞いのメールを送った際に、ニューヨークの友人から、往年の大物歌手ニール・ダイアモンドの最新動画の存在を教えられた。一九六九年のヒット曲「スウィート・キャロライン」を「手を洗おう」という感染予防の替え歌にして、八〇歳手前の本人が自宅で弾き語りする動画だった。

建築屋である私の目を引いたのは、それが撮影されている場所、この大物歌手の自宅と思《おぼ》しき場所である。白い石の暖炉と寄木フロア風の床とその上に敷かれた絨毯に寝転ぶ犬。ケバケバしくもなく、かといって質素すぎもしない暖かみのある部屋だ。

日頃なかなか見ることのできない有名人の在宅の様子とその部屋が覗き見できるこういう動画が次々に出てくるとすると、これは面白いと思った。そして、案の定、四月に入ると同種の動画が次々にアップされた。もう一つだけ代表的な例を挙げておこう。ザ・ローリング・ストーンズの動画だ。

七四〜七九歳のミック・ジャガー、キース・リチャーズ、チャーリー・ワッツ、ロン・ウッドの四人がそれぞれの自宅の部屋らしき場所で演奏している。それぞれの部屋がそれぞれ違いはするものの、どことい って尖ったところのない、落ち着いた雰囲気の普通の部屋であることは少々意外だった。建築屋だけが持ってしまう感想だろうとは思うが。

ローリング・ストーンズにせよ、往年のニール・ダイアモンドにせよ、それこそ国立競技場クラスの会場一杯に人を集められるアーティストだ。それが今や、一人一人が自分だけの部屋で歌い奏で、ネット空間上にそれを流す。聴く方の私たちは、これまた自分だけの部屋のパソコンでそれを楽しむ。ただしリアルで人は集まらない。SF的だが二〇二〇年の現実だ。

この災厄がきっかけとなってこういうコミュニケーションの方法が進化しつつ普及したとしたらどうだろう。多くの建築は不要になってしまうのではないか。一般的に建築は、人が集まる場所を成り立たせるためにあるのだから。

そう考えると、未来の社会の展開の仕方によっては、従来のような人が集まる建築ではなく、「人が集まらない建築」を多様に構想する必要が出てくるのかもしれない。

人が集まらない建築。これまでになかったわけではない。人が集まらない一人だけの簡素な暮らしを理想として構想された建築があった。「草庵」と呼ばれる類の建築だ。その代表は「ゆく河の流れは絶えずして、しかももとの水にあらず」で誰もが知る古典文学『方丈記』の作者、鴨長明の草庵「方丈」である。

よく知られるように、この著作のかなりの部分は、一二世紀後半に次々と京都を襲った

河合神社（京都市左京区）にある復元された鴨長明の方丈の庵（写真撮影：亀井靖子氏）

大火、竜巻、飢饉、疫病、大地震などの災厄の惨状の記述が占めており、そのいわば今次のコロナウイルス問題と同様の不条理さを「ゆく河の流れは絶えずして」と表現したのだ。その上で長明は、人里離れた山中に、「方丈」、今の言い方でいえばわずか四畳半ほどの分解移設可能な小屋を建て、そこで一人暮らしを始めた。彼が還暦を迎える頃のことである。

四畳半とはいっても、寝床だけではない。法華経を置き、その前の壁には阿弥陀仏の絵像と普賢菩薩《ふげんぼさつ》の絵像が飾られていた。角には竹の吊り棚があり、その上の黒い皮籠《かわご》三個に和歌・管絃の書、『往生要集』等の抜き書きが入れてあった。

外との境界には竹のすのこの縁があり、その脇には水や花などを仏に供える閼伽棚《あかだな》も設けられていた。琴と琵琶もあり、長明は毎日それを演奏し歌っていたらしい。近くに少年がいて、その彼を友として遊びながら周囲を散歩したりもしていた。

この方丈、災厄に見舞われ、複雑な人間関係に翻弄される都の内側に比べれば、はるかに豊かな精神生活を送ることができるように設えられていたのである。

その後日本には、理想の住まいとして隠者の草庵の系譜が続く。人と人のコミュニケーションのあり方が根本的に変わっていくことになれば、この方丈の豊かさを手掛かりに未来を想像すればよい。日本にはよい古典がある。

散歩とラジオと手紙

痩せた。半年で五キロは痩せただろうか。痩せようと意識したことがなかっただけに自分でも意外な変化だ。

新型コロナウイルス災禍に伴う巣ごもりと関係があることは間違いない。食欲が落ちているわけではないし、特段の運動をしているわけでもないので、変化の原因ははっきりしている。飲み会がなくなったことだろう。

私の場合、職業柄だろうか、午後六時頃から始まる研究会や委員会が結構ある。週に三〜四回程度はあったろう。そして、そうした会議の後には飲み会に流れるケースが多い。大体二〜三時間は会話と飲食を楽しむ。それが、三月以降の半年間皆無になった。つまみの量もアルコールの量もぐっと減った。巣ごもり減量の主因だろう。しかし反対に、通勤がなくなって運動不足となり体重が増えた、という話もよく聞く。

ことほど左様に私たちの日常はテレワークによって大きく変化している。そして、その変化の中で、土木分野でよく使われる「社会基盤」というもののありがたみを一生活者として実感し始めている。

新型コロナ以前の暮らしでも、朝起きてバスや電車に乗って通勤し、建物の中で働き、通信環境を使い、まちなかで飲食し、またバスや電車に乗って帰宅するという具合に、社会基盤には多くの恩恵を受けていた。ただ、これらは何十年も続く日常であり、決断を要しない自然な動きなので、自分と社会基盤の関係を意識することはほぼなかった。

ところがである。いわゆる第一波が来て、大学がほぼ閉鎖状態になり、学外の委員会の類もオンライン会議だけになった。初めのうちは何とも思わなかったが、一日のうち、通勤時間の約二時間半と、ほぼ同じ程度の飲み会分の時間、つまり少なくとも合計五時間を持て余すことになってくる。ばったり会った人や、会議の前後に「ちょっと、ちょっと」と声をかけてくる人と雑談や密談をする機会も全くなくなった。いきおい、自宅の同じ机に同じ姿勢で同じパソコン画面を見ながら終日過ごす毎日になってしまった。

そんなことでは心身の健康は保てないから、自然と、あるいは意識的に自分の一日に新たな要素を加えることになる。私の場合はまず散歩。かつては、メタボなのでできるだけ歩くようにという保健指導を受けても「はいはい」と受け流し、通勤時の徒歩で十分と考えて、無目的な散歩など思いもつかなかったような私が、かれこれ半年間、毎日四〇分程度はそぞろ歩きを続けている。歩いてみると、これまで全く知らなかった近所の店や神社や道や自然を発見したり、犬の散歩をしている人やジョギングしている人が意外に多いことを知ったりと、なかなか面白い。

次はラジオ。五〇年ほど前、中高生の時代には聴いていたが、長らくタクシーの中か散髪屋でしか聴かなくなっていた。今やパソコンやスマホでも聴けるが、特にパソコンの画面にはあきあきしているので、あえて単機能のラジオを購入した。たかだか二〇〇〇円強の品物である。目を休めながら、あちらこちらの局にチューニングして、聴くともなく聴いていると、TVでは味わえない話術、ためになったり気を緩めてくれたりする話題、意外な音楽等々、結構楽しめるので驚いている。これも放送インフラの賜物である。
そして、もう一つは手紙。テレワークではコミュニケーションの種類が限られるし、とても効率的。それだけにどこかバランスが悪い。そこで、時間もあるし、心の平静も保てるし、筆ペンを買ってきて、以前だとよほどの時にしか書かなかった手紙を書くことにした。ただし、年下の世代の方にいきなり手紙をお送りすると先方が驚いてしまうだろうから、こちらはメールのまま。お世話になっている年長の方々に、機会があれば手紙をお出ししている。これだけのものをわずか八四円で大抵二日以内に先方に届けてくれる。改めて郵便という社会基盤のありがたみを感じている。

ここでは、とても個人的な話に終始してしまったが、「新しい日常」が標語化しているこの時期、多くの人が、私と同じように以前とは異なる要素を自分の暮らしの中に組み込むことで、ストレスフルな時代を乗り越えようとしているのだろうと思う。そして、散歩にまちの道や建物群が彩りを添え、電波がラジオのオリジナリティ溢れる豊かな世界を届けてくれ、郵便が手紙に込められた時間と気持ちを運んでくれるように、それらの要素はまさに既存の社会基盤に支えられている。これからは、それをすべての人が自分の暮らしのために再編集する時代に入っていくわけだ。

社会基盤を築いたり維持したりしている建設業も、この一人一人の暮らしの変化と再編集の動きを実感し、注視しておいてほしいと思う。

おわりに

「希望を耕す」という言葉について

東京大学出版会は「UP」というPR誌を月刊で出している。毎号目を通しているわけではないが、二〇一五年一〇月号の書評のタイトルには心ひかれた。人類学者の松嶋健さん著の『プシコ ナウティカ――イタリア精神医療の人類学』(世界思想社、二〇一四年)について東京大学教授で哲学者の中島隆博さんが書かれた書評で、そのタイトルは「希望を耕す――地域という思想」。福祉の世界などでも使われることのある言葉のようだが、この「希望を耕す」という言葉の素直さにドキッとさせられた。そして、人口減少社会のとば口にある日本の時代性を受けての穏やかだが強い意志のようなものを感じさせる端的な表現に心打たれた。

そこに舞い込んだのが、比較的大規模な総合建設業の業界団体である(一社)日本建設業連合会の機関誌「ACe建設業界」への連載の依頼だったので、連載タイトルにはぜひこの言葉を借りたいと考えた。この機関誌の読者であろう建設業関係者にとって、この大きな転換期にあって、日々臨機応変な対応で戸惑いながらも前に進もうとする営為は必要だが、一方で、穏やかに強い意志をもって「希望を耕す」ことがとても大事だと思えたからである。本書はその連載を中心に、これまで綴った文章を再編し、加筆修正したものである。

長らく建設業は、建築や土木の分野で、人々の暮らしの場とそれを支える社会基盤を全く新しく造り上げることに力を注いできた。いま私たちの眼前に広がっている風景、それを造り上げてきたのが建設業だといってもよいだろう。しかしながら、私たちはこれからも変わらず今まで通りの建設業を必要とするのだろうか。もちろん必要性が皆無になることはないだろうが、それを求める度合いは急速に減少していく可能性がある。これまでに造り上げてきた建物や社会基盤が十分に機能している上に、人口は減少していくのだ。人々の暮らしの場とそれを支える社会基盤を全く新しく造ることの社会的な意味は、これまでほど大きなものではなくなるだろう。

他方で、これまで建築行為等を根底から支えてきた施工現場の技能者をはじめとする人材は、かつてないほどに高齢化し、将来を託すことのできる若者は年々減っている。新築の必要の度合いが減ったとしても、その減少した需要にすらまともに応えられるのか、十分な人材を確保し続けることができるのか。未来についての大きな不安がある。

こうした転換期にあって、建設業が私たちの暮らしを豊かで楽しいものにすることに貢献し続けるためには、一体どの方向に、どんな風に舵を切ってゆけばよいのか。建設業にとって、そして私たち生活者にとって、これからの「希望」は何なのか。本書では、筆者自身の日々の経験をきっかけに、様々な方向からこの「希望」について考えてみたいと思った。いささか浅薄で場当たり的かもしれない筆者個人の考えの表明が、読者諸氏に「希望」に思いを馳せる機会を提供できたら幸いである。

謝辞

まず、本書の大部分を構成している気儘《きまま》なエッセイの連載機会を与えて下さり、また今回の単行本化にあたっても快く応じて下さった（一社）日本建設業連合会とその機関誌「ＡＣｅ建設業界」の関係者に心より感謝申し上げます。

本書の企画から編集までを担当され丁寧に本書を造って下さった平凡社の蟹沢格氏、編集者の今井章博氏にも、心より感謝申し上げます。

初出一覧

本書の主な部分は、以下に掲載された拙稿に加筆修正したものを基に構成している。

- 「ACe建設業界」二〇一六年四月号〜二〇二一年四月号（偶数月）、（一社）日本建設業連合会
- 「建築東京」二〇一九年四月号、（一社）東京建築士会
- 「霞が関ビルディング」霞が関ビルディング五〇周年記念誌編集委員会・三井不動産、二〇一八年四月
- 「建築雑誌」二〇一九年八月号、（一社）日本建築学会
- 「建築ジャーナル」二〇一九年五月号、建築ジャーナル

注

Ⅰ　新たな活動領域を見出す

＊1　脇山善夫、松村秀一「超高層オフィスビルの取壊しに関する研究：ニューヨーク市における取壊し状況と米国における取壊し事例に関する考察」(『日本建築学会計画系論文集』、二〇〇四年一二月)では、その取り壊し例であるシンガー・ビルの取り壊しの経緯が明らかにされている。

＊2　マンハッタンのダウンタウン地区の一つ、South of Houston Street(ハウストン通りの南)。

＊3　一九六〇年代前半にジョージ・マチューナスが主導し、世界的な展開をみせた芸術運動。またはそのグループ。

＊4　東京都豊島区東池袋に一九七八年に建った六〇階建ての超高層ビル。一九九〇年に東京都庁舎が竣工するまで、一二年間日本一の高さを誇った。

＊5　一八八八―一九七三年。考現学を提唱した民俗学研究者。早稲田大学教授や日本生活学会会長も務めた。

＊6　「ハウスジャパン」の正式名称は「生活価値創造住宅開発プロジェクト」。ハウスジャパンは通商産業省(当時)が指導する国家プロジェクトで、一九九四年に関連業界三八社が参加して設立された技術研究組合が、技術開発を実施した。その全貌については、ハウスジャパン・プロジェクト編著、松村秀一・田辺新一監修『生活価値を創造する21世紀型住宅のすがた』(東洋経済新

報社、二〇〇一年）に詳しい。

＊7　日本建築学会建築計画委員会ＵＲ集合住宅団地・保存活用小委員会（主査：筆者、二〇一九年一〇月〜）。

＊8　一九四四―二〇一〇年。ＵＣＬＡ、ハーバード大学、ＭＩＴで建築学の教授を歴任した。

＊9　一九四三年―。建築学を修めた計算機科学者。ＭＩＴメディアラボを一九八五年に創設。現在は名誉会長。

＊10　池田靖史さんと豊田啓介さんたちは二〇一七年一一月に「建築情報学会」キックオフ公開企画会議を開催した。筆者もゲストとして登壇した。これが第一回目となり、その後もこの会議は続いた。そこでは、「建築情報学」は、単に情報通信技術を応用して建築学の課題を解くのではなく、「建築」を情報体系の広がりの先に、より広義に再定義する試みであるとしており、「その建設的展開のためのプラットフォームとなる『建築情報学会』の立ち上げを目指す」としていた。そして、二〇二〇年一一月に建築情報学会は設立された。

Ⅱ　アイデンティティを見つめ直す

＊1　東京大学工学系研究科建築学専攻・社会基盤学専攻・都市工学専攻が実施した二一世紀ＣＯＥ「都市空間の持続再生学の創出」（リーダー：大垣眞一郎、二〇〇三〜二〇〇七年度）とグローバルＣＯＥ「都市空間の持続再生学の展開」（リーダー：藤野陽三、二〇〇八〜二〇一二年度）。

＊2　二〇一六年度の実績では、土木の建設投資二〇兆四三三八億円の七五・四％が公共投資である

のに対して、建築の建設投資三八兆三〇六一億円の八五・四%が民間投資である（国土交通省「令和元年度建設投資見通し」二〇一九年八月、に公表された数字に基づく）。

＊3 施工業者から独立した建築家という西欧の職能像とその意義（発注者の利益を守ることが中心）が明治時代に紹介されるまで、日本では棟梁の下で設計と施工を同じ組織が行う方式だけが見られた。前者の影響を強く受けた建築関係者と、後者の利点を主張する建築関係者の間で、明治以来、設計と施工を分離することの必要性に関する議論は熱を帯びることしばしばであった。

＊4 設計と施工を同じ組織が行うのが、明治時代に入るまでの日本の一般的な建築生産の方式であった。なお、現代日本においても、この方式は多くの建築プロジェクトで用いられている。

＊5 経済活動を個々人の私利をめざす行為に任せておけば「神の見えざる手」により社会全体の利益が達成される、というアダム・スミスの経済社会思想を示す語（三省堂『大辞林』第三版による）。

＊6 リノベーションまちづくりにおける家守や公民連携の重要性を主唱する清水義次氏が講演等でよく使っていた言葉。今ではそれらが広く使われるようになっている。

＊7 一八五四―一九三四年。日本の土木工学の基礎を築いた学者。帝国大学工科大学初代学長、土木学会初代会長、工学会理事長等を務めた。

＊8 一八五二―一九二〇年。工部大学校（現・東京大学工学部）の造家学教授としてイギリスから来日し、辰野金吾ら日本の近代建築技術者を育成するとともに、多くの建築を設計した。

＊9 イギリスのプログレッシヴ・ロックのバンド。中心人物はギターのロバート・フリップ。一九

六八年に結成。アルバム『クリムゾン・キングの宮殿』で一九六九年にデビューし、メンバーを様々に変えながら今日まで活動を続けている。

＊10　筆者の他に、浦江真人氏（東洋大学）、遠藤和義氏（工学院大学）、関谷哲也氏（竹中工務店）、平野義信氏（当時：建設省建築研究所）、山崎雄介氏（当時：清水建設）が企画編集委員を務め、八七個のトピックについて、八〇名以上の研究者や実務者が解説を執筆した。

＊11　ダメージトレラント設計：建物の構造骨組みの中に弾塑性ダンパーや粘性ダンパーを組み込み、大地震時にはこれが大きく変形し地震のエネルギーを吸収するようにした設計。大地震後に点検し、場合によってはこうしたダンパーを取り換えることで建物は元の形で継続的に用いることができることを狙う。

＊12　生産設計：設計段階でつくりやすさ、経済性、品質の安定性等の点から設計を見直し、施工の実現性をはかること。

＊13　ビルダビリティ：完成建物に要求されるすべてを満たすことを前提に、建築物の設計が施工を容易にしている度合い。

＊14　デザインビルド：元々AIA（アメリカ建築協会）では「単一の事業体が、建築物の設計、施工の両方の業務に関して、全責任を請け負うという単独契約を締結するプロジェクト運営方式」としていたが、その後、例えば、設計事務所が概案設計を行い、デザインビルド事業体が実施設計を行う方式等、さまざまなバリエーションが生まれ採用されてきた。

＊15　PMrとCMr：建設プロジェクトの企画、調査、設計、施工までの一連のプロセスのマネジ

メントを担う職能としての「プロジェクトマネジャー（PMr）」と「コンストラクションマネジャー（CMr）」。二つの用語の意味は重なっており、必ずしも明確に使い分けられてはいない。

＊16　総合図：工事目的物を完成させるための意匠・構造・設備間にわたって要求されている情報を一元化したもの。

＊17　当時助手を務めていた浦江真人氏が中心となって研究していたグループ。雑誌「施工：建築の技術」（彰国社）において「同時進行施工ドキュメント　東京都新都庁舎建設工事全記録」（一九八九年一月号〜一九九〇年九月号の間に計一三回）を連載していた。

＊18　従前のプレハブ住宅の生産では、それぞれの部品はあらかじめ計画生産してあり、個々の住宅の注文に応じて必要な部品を探し出し揃えて出荷する「在庫引当方式」が採られていた。それに対して、個々の住宅ごとに、その注文内容が確定してから、それに沿って必要な部品の大部分を生産する、より進んだ生産方式のことをこう呼んだ。

＊19　アメリカ人ジョン・アーリーが一九二〇年頃に開発した、豊かな色彩の表面を持つプレキャスト・コンクリート板の製造法「アーリー式製造法」（一九三六年アメリカで特許取得）というものがある。この製造法は、様々な色調の骨材を使い分け、表面仕上げ用のコンクリートと裏打ちコンクリートを別々に打設し、表面仕上げ用のコンクリートについては余剰水を新聞紙で取り除き、十分に硬化させた後にブラシがけを施すというもので、特許にはコンクリートの調合法も規定されていた。アーリー自身はこの製造法による製品を「アーキテクチュラル・コンクリート」と呼んだ。

＊20　デジタルデータを用いてデジタル工作機械が様々な素材の切断や成形をする技術。今日の建築界では3Dプリンターを用いた自由度の高い造形の試行がしばしば話題になる。
＊21　建築家。一八七二—一九三八年。東京帝国大学工科大学造家学科卒業後、京都高等工芸学校教授、名古屋高等工業学校校長、京都帝国大学建築学科教授等を歴任。
＊22　監督：関川秀雄、脚本：岩佐氏寿、工藤栄一、原作：菊島隆三、製作：日本技術映画社（現・Kプロビジョン）。
＊23　Program Evaluation and Review Technique. 工程計画及び管理の手法の一つ。
＊24　「設計の技術　日建設計の一〇〇年」編集委員会編『設計の技術　日建設計の一〇〇年』日建設計、二〇〇〇年。
＊25　一九八八〜二〇〇一年。顕彰事績は以下の八つ。「目透かし張天井板構法の開発と普及」（第一回、一九八八年七月）、「プラスティックコーン式型枠緊結金物の開発と普及」（第二回、一九九〇年六月）、「床上汚水配管システムの開発と普及」（第三回、一九九一年一〇月）、「木造住宅用引き違いアルミサッシの開発と普及」（第四回、一九九三年四月）、「洗い場付き浴室ユニットの開発と普及」（第五回、一九九四年六月）、「磁器・炻器質タイル張り外装の開発と普及」（第六回、一九九六年一月）、「プレカット加工機械の技術開発と普及」（第七回、一九九七年九月）、「敷き詰め畳システムの成立とその普及」（第八回、二〇〇一年六月）。
＊26　一八五四—一九一九年。工部大学校造家学科第一回卒業生四名のうちの一人。帝国大学工科大学校長等を務め、また自身の建築設計事務所で建築家としても多くの作品を残した。

＊27　一九〇五―一九八六年。日本の代表的な近代建築家。
＊28　一九一三―二〇〇五年。日本の代表的な近代建築家。
＊29　仕様を細かく規定して発注する一般的な発注方式に対して、達成すべき性能を規定し、具体的な仕様については受注者側に提案を求める方式。
＊30　公共住宅用規格部品。公団住宅、公営住宅に用いる部品として、一九五九年に使われ始めた。ステンレス流し台、台所換気ファン、スチールドア、小型洗面器等。
＊31　優良住宅部品認定制度。建設省が一九七四年に第一回認定を行った。一九八一年にはKJ部品一二品目がBL部品になり、統合された。現在は一般財団法人ベターリビングが認定事業を行っている。
＊32　この部分は拙著『ひらかれる建築――「民主化」の作法』（ちくま新書、二〇一六年）より部分的に加筆修正の上で引用した。
＊33　坂本功監修、大橋好光、松村秀一、福濱嘉宏、栗田紀之他著『日本の木造住宅の一〇〇年』（社）日本木造住宅産業協会、二〇〇一年。
＊34　日本建築学会編『建築学用語辞典第二版』岩波書店、一九九九年。
＊35　稲葉真吾『かんなくず』主婦と生活社、一九六七年。
＊36　松村秀一『「住宅ができる世界」のしくみ』彰国社、一九九八年。
＊37　ゴシック建築を代表する建築。パリのシテ島にある。
＊38　杉を中心とする日本の森林は、面積が変わらないのに「森林蓄積」と呼ばれる樹木の幹の体積

の合計は年々増加している。幹が太くなっているということである。林野庁の調査データに基づくと、そのペースは、二〇一二〜二〇一七年の平均で年間六八〇〇万㎥増である。これは国内での全木材の年間使用量に匹敵する。

＊39 異なる材料を適材適所に使い分ける形で組み合わせた建築構造のことで、鉄筋コンクリートと鉄鋼、鉄鋼と木材、木材と鉄筋コンクリート等、様々な組み合わせが考えられる。

＊40 日本で初めて西洋の建築教育を導入した工部大学校（現・東京大学工学部）では学科名を「造家学科」としていたし、学会名も「造家学会」であった。しかし、総合芸術としての性格を表すのに「造家」よりも「建築」の方が相応しいという伊藤忠太の提案等を踏まえて、一九世紀末には学科名も学会名も「建築」に改称した経緯がある。

Ⅲ　明日の建築人像を描く

＊1 一九二五―二〇〇〇年。建築学者。京都大学名誉教授。著書に『日本の建設業』（岩波新書、一九六三年）等。

＊2 前川國男作品の初期のプレキャスト・コンクリート部品の製作を担当していた外川貞頼氏（当時湊建材工業）の回想（『私のプレコン人生　追悼　外川貞頼』湊建材工業）を読むと、前川國男がいかにサブコンの技術指導を行っていたか、その様子がよくわかる。

＊3 二〇〇八年設立。二〇一一年一般社団法人化。主に次の四つの事柄に取り組む。
（一）格段に進化したＩＴ環境を最大限に活用し、建材・部品生産に従事する企業と建築設計・

施工に従事する企業の間、さらにはそれらと住まい手や事業主との間に、シナジー効果を持つ新たなコミュニケーション回路を確立すること。

(二)日本の産業が世界の豊かな建築・都市環境形成に力強く貢献できるよう、複層型の国際交流を緩やかに、しかしあくまで戦略的に統合し、新たな市場を開拓するための確かな道筋をつけること。

(三)今後重要性を増すことになる既存ストックの再生によるより豊かな居住環境の形成という分野において、日本の建築や部品に関わる産業の新たな活躍の場とその方法論を創出し、その新たな場に求められる産業及び専門家の能力を育成する。

(四)生活者や建物ストックの管理や流通に関わる人々が、質の高い生活の場の形成に主体的に参加できる環境を整え、人と場、人と人の関係を豊かなものにするデザインの力を見直し、鍛え直す。

＊4　二〇一六〜二〇一八年度の三年間、日本建築学会に設置された。主査は筆者。二〇一九年度からは日本建築学会建築計画委員会のワーキンググループとして、形を変えて活動を継続している。

＊5　ただし、二〇一八年一二月の臨時国会において、在留資格「特定技能」の新設を柱とする「出入国管理及び難民認定法及び法務省設置法の一部を改正する法律」が可決・成立し、二〇一九年四月一日より人手不足が深刻な産業分野において「特定技能」での新たな外国人材の受け入れが可能となった。建設業はこの産業分野の中に含まれ、外国人技能者の五年を超える在留に道が開かれた。

＊6　松村秀一「職人社会の変貌」（坂本功監修『日本の木造住宅の一〇〇年』日本木造住宅産業協会、二〇〇一年）。

＊7　地方暮らしやＩＪＵターン、地域との交流を深めたい人をサポートするために、東京・大阪を除く四五道府県の自治体と連携して地域の情報を提供し、都市と農村の橋渡しによって地方の再生、地域活性化を目指す団体。二〇〇二年設立。正式名称は「特定非営利活動法人一〇〇万人のふるさと回帰・循環運動推進・支援センター」。

＊8　新潟県糸魚川市において二〇一六年一二月二二日昼前に発生し、翌日の夕方の鎮火まで約三〇時間続いた大規模な火災。

＊9　一九世紀末から二〇世紀初頭にかけて、フランス東部の町ナンシーを中心に活動したアール・ヌーボーの一流派。ガラス工芸で名を馳せたエミール・ガレはその中心人物だった。

Ⅳ　国境を越えてゆく

＊1　「ＥＮＲ（*Engineering News-Record*）」誌が毎年世界のトップコントラクターを売上高ランキング方式で発表しているが、例えば一九九一年のランキングでは、一〇位以内に日本のゼネコンが五社入っていた。ちなみに二〇一九年のランキングでは、二〇位以内に日本のゼネコンは一社も入っていない。

＊2　例えば Sidney M. Levy, *"Japan's Big Six"*, McGraw-Hill, Inc., New York, 1993.

＊3　主に一九九〇年代前半。

＊4　一九六六年から一九七六年まで続いた文化大革命による。

＊5　例えばAUSMIP（Architecture and Urbanism Student Mobility International Program）。東京大学大学院工学系研究科（建築学専攻）が日本側リーダーとなり、東京大学大学院新領域創成科学研究科、千葉大学、九州大学とともに、フランスのパリ・ラ・ヴィレット建築大学、ベルギーのシントルーカス建築大学（当時）、ポルトガルのリスボン工科大学（当時）、ドイツのミュンヘン工科大学と二〇〇一年にコンソーシアム協定を締結し、建築と都市に関する大学院生レベルでの交換を続けてきたプロジェクト。二〇〇一年度に日本・EU両政府が進める「日本EU留学生交流パイロットプロジェクト」の第一号に採択された。

＊6　ある時、江口禎先生に「今、先生の中で最も気になっている問題は何ですか？」と尋ねたところ、「コストが……。コストは建築生産の段階によっても、組織によっても違う。一体何をもってコストというのか……」と頭を抱えておられたのを鮮明に覚えている。

V　一人の生活者として感じる

＊1　不動産仲介からリノベーションの設計施工までを手掛けるMY ROOMの代表。その活動については、拙著『空き家を活かす――空間資源大国ニッポンの知恵』（朝日新書、二〇一八年）に詳しい。

【著者】
松村秀一（まつむら しゅういち）
1957年生まれ。東京大学大学院工学系研究科博士課程修了。工学博士。現在、東京大学大学院工学系研究科特任教授。著書に『空き家を活かす』（朝日新書）、『ひらかれる建築』（ちくま新書）、『建築再生学』（編著、市ヶ谷出版社）、『建築―新しい仕事のかたち』『箱の産業』（共編著）、『団地再生』『「住宅ができる世界」のしくみ』（いずれも彰国社）、『「住宅」という考え方』（東京大学出版会）などがある。

平凡社新書980

建築の明日へ
生活者の希望を耕す

発行日――2021年7月15日　初版第1刷

著者――松村秀
発行者――下中美都
発行所――株式会社平凡社
東京都千代田区神田神保町3-29　〒101-0051
電話　東京（03）3230-6580［編集］
東京（03）3230-6573［営業］
振替　00180-0-29639
印刷・製本―株式会社東京印書館
DTP――平凡社制作
装幀――菊地信義

ISBN978-4-582-85980-5
NDC分類番号520　新書判（17.2cm）　総ページ216
平凡社ホームページ　https://www.heibonsha.co.jp/

平凡社新書　好評既刊！

872 **保守の遺言** JAP.COM衰滅の状況
西部邁
稀代の思想家が〝死者の眼に映る状況〟をつづった絶筆の書。自裁の真意とは。

875 **江戸の科学者** 西洋に挑んだ異才列伝
新戸雅章
世界に伍する異能の科学者が江戸時代の日本にいた！ 11人の波瀾万丈の生涯。

888 **カラー版 絵はがきの大日本帝国**
二松啓紀
三九〇点の絵はがきコレクションを道標に、大日本帝国の盛衰を一望する。

893 **経済学者はこう考えてきた** 古典からのアプローチ
根井雅弘
経済学者の思想や学説の違いなど、経済思想史家の立場から経済学の初歩を説く。

908 **平成史**
保阪正康
平成は後世いかに語られるか。昭和との因果関係をふまえ、時代の深層を読む。

925 **学校に入り込むニセ科学**
左巻健男
教員や生徒の善意を利用し、学校教育で勢力を拡大する危険なニセ科学にNO！

929 **コンビニ おいしい進化史** 売れるトレンドのつくり方
吉岡秀子
おいしさの進化の変遷をセブン・ローソン・ファミマの商品開発者に徹底取材！

934 **福島で酒をつくりたい** 「磐《いわ》城《き》壽《ことぶき》」復活の軌跡
上野敏彦
津波で蔵ごと流された浪江「鈴木酒造店」。銘酒復活に懸ける家族の姿を描く。